Arthur Maria Rabenalt

Operetten-Bildband

Arthur Maria Rabenalt

Der Operetten-Bildband

Bühne · Film · Fernsehen

1980
Olms Presse
Hildesheim · New York

Printed in Germany
Herstellung: Friedr. Schmücker, 4573 Löningen
Umschlagentwurf Paul König, Hildesheim
ISBN 3 487 08215 2

„Die Operette geht mir auf die Nerven"
Johann Strauß

„Die Operette ist nicht tot, weil sie unsterblich ist"
Robert Stolz

„Die Operette ein öffentliches Übel. Man müßte sie erwürgen wie ein schädliches Tier."
Emile Zola

„Indem aber die Grazie das künstlerische Maß dieser Narrheit ist, darf dem Operettenunsinn ein lebensbildender Wert zugesprochen werden."
Karl Kraus

Inhalt

DAS VER - RÜCKTE WELTTHEATER

Da hat die vieltausendjahrealte szenische Bemühung des Menschen im letzten, dem 19. Jahrhundert unserer Zeitrechnung einen seltsamen Wechselbalg ins Leben gesetzt, den späten Sproß einer großen dramatischen Familie: die Operette!

Sie war von Geburt an ein ungezogenes Gör, als Teen ein gefährdetes Kind, das mit allen Feuern spielte, als Backfisch eine lüsterne, verderbte Demivierge, frühreif erwachsen eine Frau von recht zweifelhafter Moral - zumindest nach damaligen Begriffen -, als Greisin wurde sie - wie sollte es anders sein - züchtig, sentimental und verlogen. Sie war ungeheuer produktiv und zeugte reiche Nachkommenschaft. Ihr Leben währte nicht viel länger als ein gesegnetes Menschenleben dauert, so siebzig bis achtzig Jahre. Dann starb sie dahin, aufgezehrt von einem ausschweifenden, genußreichen Erdenwallen, senil geworden, altersschwach und fand sich wohl zuletzt auch nicht mehr zurecht in einer drastisch veränderten Welt. Sie hatte ihren Geist - soweit man von einem solchen noch sprechen konnte - schon vor ihrem Dahinscheiden aufgegeben und wurde selig. Zwar hatte sie auch noch am Ende ihres Lebens ihre Verehrer und man war bereit für sie Geld zu opfern, - aber war ihr Besuch nicht eine recherche du temps perdu, eine Suche nach der verlorenen Zeit, eine nostalgische Sehnsucht nach dem entschwundenen Paradies, die trügerische Ansicht, die alte Zeit wäre besser, nämlich gut gewesen. . .?

So oder ähnlich könnte wohl eine Grabrede auf die kuriose Kunstform Operette lauten, aber entspräche sie wirklich dem Schicksal der beklagten Erblichenen?

Gewiß, von allen Arten des theatralischen Spieltriebes ist die Operette zweifellos die seltsamste und wohl auch die fragwürdigste. Sprach Oskar Bie von der Oper als „unmöglichem Kunstwerk", so ist ihre aus der Art geschlagene Tochter ein absurdes, paradoxes Kunstwerk. Sie wurde heiß geliebt und viel geschmäht, hochgeschätzt und tief verachtet.

Mit dem Begriff Operette verbinden sich abqualifizierende Vorstellungen der Minderwertigkeit und Trivialität, aber dieselben Lippen, die sie mit bösen Worten schmähen, singen, trällern und pfeifen ihre Melodien unbewußt bei jeder Gelegenheit.

Die Operette ist ein prächtiges Vehikel ausufernder Lebenslust und ein Mülleimer abgestandener Sehnsüchte, banaler und talmihafter Lebenslügen. Sie gehörte zu den letzten organisierten Mysterien einer kommunizierenden Gesellschaftlichkeit, klassenlos, kastenlos, rassenlos. Sie wirkte als schaler Katalysator minderer Belustigungen und billiger Frivolitäten. Sie war der letzte dionysische Massenrausch hochgestimmter Lebensfreude, gehobenen Lebensgefühles und begeisterter Daseinsbejahung, beglückenden Schwebetaumels über dem Vulkan,- und das kindische Ringelspiel debiler Albernheiten. Zudem eine Kunstform,in welcher absolutistische Feudalität und demokratische Liberalität eine echte Operettenhochzeit feierten. Die Operette vereinte die Oberwelt der Großen mit der Unterwelt der Kleinen, lebte in allen Himmeln und Höllen, die sie komfortablerweise auf der irdischen Bühne etablierte. Aber sie wurde durch sich selbst auch zum kritischen Bild ihrer Gegenwart und Gesellschaft, die sie in vielen Gläsern und Facetten reflektierte, vielfach gebrochen, verzerrt, wodurch sie deren irisierendes Spiegelbild umso demonstrativer aufzeigte. Hier entfaltete sich das ganze Spektrum der Zeit in allen Farben des Regenbogens.

Die Operette machte Mode und Geschichte. Sie verzauberte.

Geschichte und Mode wurden Operette. Sie entzauberte.

Aber kaum war die Operette auch offiziell verschieden, nachdem sie sich selbst wiederholt hat und nichts Neues mehr nachkam - es war am Ende der zwanziger Jahre dieses Jahrhunderts -, so wurde sie erst recht lebendig. Sie ließ sich von den Bühnen nicht vertreiben. Auf die charmanteste Weise lieferte sie den Beweis für ein Fortleben nach dem Tode. Sie ist bis heute siebenmal wieder auferstanden und jeweils in anderer Gestalt. Die Operette hatte ihren Geist aufgegeben aber nicht die vielen Geister, die sie einst gerufen. Die unzähligen Figuren ihres Welttheaters waren Revenants aus einer anderen Welt, liebenswürdige Draculas voll Charme und Vitalität. Sie brauchten das Tageslicht nicht zu scheuen, waren nicht nur auf die mitternächtlichen Stunden angewiesen, um ihr Leben zu leben. Sie tranken nicht Menschenblut aus den Kehlen sondern Sekt aus Kelchen, sie hatten keine Vampirzähne sondern blutrote Lippen, die heiß zu küssen wußten. Sie waren einzig zur Liebe aufgerufen.

Und sie kamen alle, alle immer wieder ins Licht der Rampen, der Jupiterlampen und der Spotlights:

Eisenstein und Rosalinde, Danilo und Hanna Glawari, Laura und Bronislawa, die Gräfin Mariza und die Csardasfürstin Silvia, Helena und Paris, Orpheus und Eurydike, die Großherzogin von Gerolstein und Ritter Blaubart,der Schweinefürst Zsupan, der Haudegen Ollendorf und das Unikum von Gefängniswärter Frosch, dann Goethe im Wertherkostüm, Paganini im Virtuosenfrack, Schubert im Bratenrock, die Dubarry, die Pompadour, die Kaiserin (Maria Theresia - wer sonst?), ihr Sohn, der Kaiser, „die liabe Majestät", Adam, der Vogelhändler und Eva, das Fabrikmädel, Frau Luna und die schöne Galathee, die Försterchristel und die Briefchristel, der Bettelstudent, der Rastelbinder und die Landstreicher, der Graf von Luxemburg, der Lebemann, der lachende Ehemann, die lustige Witwe, der fidele Bauer, der Göttergatte, die geschiedene Frau, das süße Mädel, Wiener Frauen, drei alte Schachteln, das ganze Dreimäderlhaus, eine Frau, die weiß, was sie will, und der Frauenfresser, der liebe Augustin und der Juxbaron, der Ballonfahrer Fritz Steppke und der Räuber Gasparone, das Schwarzwaldmädel und das Hollandweibchen, die Walzergräfin und die Tangoprinzessin, die Dollar- und die Zirkusprinzessin. . Da sieht man den Frauenverführer Boccaccio, engumschlungen mit dem gelangweilten Prinzen Orlofsky (aber keine Angst, beide sind entzückende Damen wie der Rosenkavalier Octavian und der Gernegroß Cherubin) und dann kommt die ganze Verwandtschaft: der Bruder Leichtsinn, der Vetter aus Dingsda, die Nichte Susanne und meine Schwester und ich. . . weiter geht die Calvalcade mit schwankenden Gestalten, - ist es der Tokayer, der sie beschwipst hat oder der Champagner oder der verflixte Slibowitz? Hier kocht Heißes Blut, feiert Künstlerblut, turtelt Wiener Blut und wallt Polenblut. . .

Er ist wirklich unverblichen, dieser bunte Reigen von Wesen eines anderen Sternes, Menschenbildern eines vergangenen Planeten vor der großen Atomkatastrophe, vor Holocaust und Hiroshima! Denn da hebt ein unsichtbarer Dirigent den Taktstock, und alle beginnen zu singen, zu tanzen, zu handeln, zu lieben, und plötzlich sind sie ganz leibhaftig da, als habe es nie eine Bombe oder eine Energiekrise gegeben, mit der man leben muß, nie die Beatles, die Rolling Stones und einen Elvis Presley. Und sie sind mit ihren Frackmänteln und Uniformen, mit ihrer Ballrobe und Tournüre, mit Cul de Paris, Krinoline und Reifrock, Escarpins, ihrem Steyrer G'wand und der Lederhose, in ihren Folklore- und Nationaltrachten gar nicht mehr lächerlich und demodé, trotz Lewi Straußens Bluejeans und der heutigen Unisex-Mode. Sie durchtanzen die Nächte, die Nacht in Venedig, die Nächte in Shanghai, die Hochzeitsnacht im Paradies, die Nacht mit dem Kaiser, Tausendundeine Nacht. Ein Walzertraum voll Blüten: der weiße Flieder, der gerade wieder blüht, die Rose von Stambul, das Veilchen vom Montmartre, die Blume von Hawai . . . Schon will man wieder dieses Jammertal verlassen, man tanzt mit der Angebeteten den Letzten Walzer in den Himmel hinein, aber Vorsicht, denn der Himmel hängt voller Geigen, also cancaniert man lieber mit allen diesen Süßen, Lolo, Dodo, Jou-jou, champanisiert mit allen den Grisetten von Pariser Kabaretten, dort winkt das Chambre separé zu einem holden Tête-á-tête, und schon wieder mag die ganze Welt versinken, wenn nur die Liebe, die dumme Liebe bleibt, die den Mann wie den Auerhahn so blind macht, und die Mädis vom Chantant da sind, die sie nicht so tragisch nehmen, denn leider: ganz ohne Weiber geht die Chose nicht. . .

Aber im Pokal der Operette schäumt nicht nur der Sekt, es perlen auch die Tränen: da ist Hans Styx, der traurige Prinz von Arkadien, der Lethe trinkt, um zu vergessen, da ist Aljoscha, der melancholische Zarewitsch, der von der Wolga singt und Prinz Sou Chong aus dem Land des Lächelns, der an der Donau niemand wissen lassen will, wie's da drinnen in seinem ostasiatischen Herzen ausschaut. . .

Wie arm ist dagegen das buntgeflickte Typenensemble der alten Commedia dell'arte mit Harlekin und Truffaldino, Pantalone und Brighella, Zerbinetta und Rosaura und den anderen lustigen Figuren. Mit welch kreuzlahmen Stelzschritten vollführen sie ihren burlesken Bergamasker Tanz, gegenüber den Gallopaden und Cancanaden der Operette, diesem ver-rückten Welttheater! In ihm herrscht Frohsinn, denn: Freunde, das Leben ist lebenswert!, aber auch die Wehmut, denn es ist tottraurig und zum Weinen schön. Liebeserfüllung und Liebesverzicht, sie gehören zusammen. Dem Rausch folgt der Katzenjammer. Die Katharsis in der Operette gilt nicht der Läuterung des Menschen sondern seiner Ernüchterung. Im dritten Akt der Operette ist immer Aschermittwoch, wenn die Gestalten aus ihren verwirrend seligen Konflikten nur in ein bürgerlich tristes Happyend entlassen werden. Aber keine Sorge. Der „Feuerstrom der Reben" wird sie wieder erfassen und in das ewige Bacchanal entführen. Denn: „Der Gedanke der Operette ist Rausch, aus dem Gedanken geboren werden; die Nüchternheit geht leer aus. Dieses anmutige Wegspülen aller logischen Bedenken und das Entrücken in eine Konvention übereinanderpurzelnder Begebenheiten, in der das Schicksal des einzelnen bei einem Chorus von Passanten die unwahrscheinlichste Teilnahme findet, dies Aufheben aller sozialen Unterschiede zum Zweck der musikalischen Eintracht . . . diese Summe von heiterer Unmöglichkeit bedeutet uns jenen reizvollen Anlaß, uns von den trostlosen Möglichkeiten des Lebens zu erholen . . ." (Karl Kraus, „Grimassen über Kultur und Bühne".) -

Warum wir an die Unsterblichkeit der Operette glauben, hat nicht seinen Grund in der Tatsache, daß sie sich bis heute als Unterhaltungsphänomen erhalten hat - oft als wichtigste Finanzierungshilfe eines notleidenden Stadttheaterbetriebes -, sondern weil sie sich verändert, einen vielfachen Gestaltwandel vollzogen hat, weil sie sich immer wieder in neuer Erscheinungsform wie Phönix aus der Asche erhob. Sieben Leben hatte sie bis jetzt,und wir werden diesen überraschenden Veränderungen, diesen Mutationen und Metamorphosen nachgehen. Sie sind der Inhalt der zweiten, der vielleicht eigentlichen Kulturgeschichte der Operette. Man darf nicht vergessen, daß die Operette selbst zur Zeit ihrer Blüte, ihrer prächtigen und lebendigen Entfaltung,in einem starren, überkommenen Gefüge gefangen blieb, aus dem sie sich Zeit ihres (ersten) Lebens nicht befreien konnte. Ihre embryonalen Anfänge als musikalische Bluetten wuchsen in das Kleid der opéra comique, der dreiaktigen Spieloper hinein, in ein starres dramaturgisches und szenisches Korsett,das ihre Handlungskonstruktion, ihren Szenenablauf, die musikalische Nummernfolge unabänderlich bestimmte und sie hat sich dieser Zwänge erst in ihren diversen posthumen Leben entledigen können. Sie blieb während ihrer Entstehung und Entwicklung bei aller ungestümen Vitalität Leibeigene im Gehäuse einer überalterten und unbeweglich gewordenen opernhaften Kunstgattung, das aus tradierten Formklischees und schematischen Grundmustern bestand, zu einer Zeit, als alle übrigen theatralischen Kategorien, das Schauspiel und sogar die Oper selbst bereits neue Formen und Strukturen gefunden hatten. Dies sollte sich erst ändern, als die toterklärte Operette mit einer erstaunlichen Kraft ihre verschiedenen Wiedergeburten erfuhr, als sie plötzlich alle überkommenen läppischen Gesetzlichkeiten und Zwänge abstreifte,als sie sich von Konventionalitäten, Schablonen und festgefügten Herkömmlichkeiten befreite und mit szenischer und formaler Phantasie buchstäblich in die Weite zu schweifen begann. Dies geschah vor allem erst, als ihr die neuen Unterhaltungsmedien neue, ungeahnte szenische Möglichkeiten anbieten konnten.

DIE OPERETTE UND IHRE DARSTELLER

Die Operette zeigte sich von Anfang an vielschichtig und nicht eindeutig, so simpel und direkt sie sich auch geben mochte. So war sie gleichzeitig Volkstheater und Gesellschaftstheater. Die Operette wurzelte in der Natur, in der Landschaft und in dem Salon auf dem spiegelnden Parkett. Sie war nicht nur dem Volkslied verbunden sondern auch dem städtischen Chanson. In dem Schlager, dem Gassenhauer vereinigten sich beide Quellen. Die Pawlatschn (das Spielgerüst der Volkssänger) und das literarische Brettl haben gleicherweise der Operette ihren Zoll entrichtet. Sie war derb und drastisch und gab sich mondän und urban. Dieser scheinbare Zwiespalt bezeugte den großen Radius ihrer Wirkungsbreite.

Die Operette war das erotische Theater des 19. Jahrhunderts. Die unverblümte Direktheit des Volkstheaters einerseits und die Pikanterie und Frivolität des Gesellschaftstheaters andererseits, gaben ihr die erotische Stammwürze. Ihr sexueller Aspekt ist bezeichnenderweise ambivalent. Das wird an der institutionalisierten Hosenrolle deutlich. Die Oper kannte die Hosenrolle, die Darbietung männlicher Gestalten durch Frauen, aus Gründen der Stimmproblematik, die den ungebrochenen Sopran adulescenter Männlichkeit lange Zeit von Kastraten und Falsettisten bestreiten lassen mußte. Für die Operette spielten diese musikalischen Erwägungen und künstlerischen Notwendigkeiten keine Rolle. Es gab keine Veranlassung, warum Orlofsky, Boccaccio oder der Orest (in der „Schönen Helena") von einer Frau gesungen werden mußte. Es war allein der erotische Reiz der geschlechtlichen Ambivalenz, der die Hosenrollen in der Operette so dominierend und important werden ließ. Der Geschlechtertausch in der Operette hatte - abgesehen von dem prickelnden Zauber der sexuellen Doppeldeutigkeit - einen ganz äußeren Grund. Die Hosenrolle gab der Künstlerin in einer Zeit, die der Frau lediglich erlaubte, den Fußknöchel oder ein mehr oder weniger gewagtes Dekolleté zu zeigen, die Möglichkeit, ihren ganzen schwelgerischen Körperumriß dem Publikum zu demonstrieren. Die Hosenrolle war eine Form der theatralischen Entblößung, der „Decouvrage", sozusagen ein Striptease-Ersatz. So wurde sie eines der wichtigsten erotischen Wirkungsmittel in der Operette. Nur die Rollen der operettenhaften Antike wie die Schöne Helena, die Galathee u.a.gestatteten einen ähnlichen pikant-frivolen Effekt, denn sie hatten zumindest szenenweise sogenannte Ganztrikot-Auftritte. Nach damaliger Bühnenauffassung zeigte sich die Darstellerin mit diesen nackt.

Der Frauenpart, durch Männer dargestellt, also der transvestitische „Charleys-Tante"-Effekt war dagegen nur als komödiantisch-karnevalistischer Verkleidungsspaß anzusprechen.

Unser rationalistisches Jahrhundert hat aus dem läppischen Bemühen um Bühnenvernunft den köstlichen irrationalen „Unfug" der Hosenrolle unbarmherzig ausgemerzt. So blieben nur noch einige Mädchenrollen, in denen sich die Schauspielerin aus oft recht fadenscheinigen Gründen in Männerkleidung verbergen durfte.

Das Operettentheater war ursprünglich kein Theater der Sängerbravour, der exzellenten Stimmqualitäten und -volumen. Als Gesellschafts- und Volkstheater war es eher eine Bühne für originale und faszinierende Persönlichkeiten, für die gelungenen Entsprechungen zeittypischer Mode-Ideale, für komödiantische Talente, tänzerische Begabungen. Der Operettentenor war mehr singender Bonvivant als Sänger, die Diva mehr singende Salondame als Sängerin. Beide stellten in erster Linie Repräsentanten herrschender bürgerlicher und adeliger Gesellschaftsschichten dar und Wunschbilder emporstrebenden Proletariates (das es damals noch gab), auch wenn sie unterprivelegierte Rollengestalten verkörperten, deren es nicht wenige gab, wie wir uns in unserer Geisterparade eingangs überzeugen konnten.

Die Operettendarsteller verstanden sich noch als singende Schauspieler im Sinne der Weimarer Hofbühne Goethes. Soubrette und Buffo waren jugendliche Liebhaber mit komischer Begabung, die besser tanzen als singen können sollten. Resch und fesch mußten sie sein, Chic und Charme haben, dann konnten sie sogar - wie die Josefine Gallmeyer - „schiach", d.h. häßlich sein. Und was der Operettenkomiker an heiserem Gekrächze ans Rampenlicht brachte, war ohnedies alles andere als Belcanto. Eine Geistinger, eine Gallmeyer, eine Mizzi Günther oder Ilka Palmay, ein Marischka, ein Treumann trafen und prägten den Zeitgeschmack, ein Matras, Blasel, ein Giradi waren direkter Ausdruck des herrschenden Lebensgefühles. Wichtiger als die Koloratur der Diva war ihr koketter Fächerschlag, das raffinierte Zurückschleudern der Schleppe; das hohe C des Tenors konnte durch virtuoses Wirbeln des Kavalierstöckchens, durch das Zusammenklappen der Glaceehandschuhe, durch ein künstlerisches Schlingen des weißen Seidenschals, durch die Manipulation mit dem Einglas an Wirkung weit übertroffen werden. Und der Schwung des Nachtanzes beim Walzerduett ließ manche Unebenheit des beidseitigen Gesanges vergessen. Die Haltung in der Bewegung, Anmut und Eleganz, die mondäne Attitude und das „aufmischende" Temperament waren wichtiger als gesangliche Perfektion. Wien und mit ihm die gesamte Donaumonarchie hatte dafür einen besonderen Gusto, aber auch Berlin zeigte für diese Art der Repräsentation einen wachen Sinn. Noch 1963 feierte Berlin emphatisch „die Geburt einer neuen Massary" (Theaterkritik) bereits nach 16 Einleitungstakten ihrer Auftrittsarie, bevor sie, als verschleierte Dame Angèle Didier überhaupt zum ersten Ton angesetzt hatte. Als sie nämlich - nach Maßgabe der Regie - den Gesichtsschleier unter dem Kinn sorgfältig aufdröselte, mit spitzen Fingern hochrollte, eine Hutnadel aus dem „Wagenrad" zog, diese zwischen den Lippen barg, mit der zweiten ebenso verfuhr, den Hut mit weihevoller Gebärde absetzte, die Nadeln wieder in das Prachtstück aus Tüll und Spitze zurücksteckte, um es endlich aus den Händen zu legen: das zeremoniöse Ritual, perfekt exerziert, rief einen stürmischen Szenenapplaus hervor und mußte wiederholt werden. Meines Wissens zum erstenmal in der Operettengeschichte, daß eine Arienintroduktion durch eine Kulthandlung der modischen Eleganz zum Dacapo wurde. (Neues Operettentheater im Titaniapalast Berlin: „Der Graf von Luxemburg".)

Der Operettendarsteller war also alles andere als ein Stimmathlet, ein Kehlkopfartist. Er mußte viel eher gleichzeitig Salonschauspieler und Volksschauspieler sein. Und für Lokalkomiker, für das komödiantische Unikum von cholerischem oder sanguinischem Temperament, fand sich in dem Chargenreigen der Operette immer ein Platz, selbst wenn es Dialekt sprach. Die „Wiener Gosch'n" störte auch nicht in der Assemblé von Adel und Haute volée, die die großen Finali so gerne zu sein vorgaben.

Der Operettendarsteller war in erster Linie Allroundschauspieler oder unverwechselbare Persönlichkeit. Am besten beides. So kam es in der Glanzzeit dieser Kunstform zu erstaunlichen Besetzungen, die man sich heute gar nicht mehr vorzustellen traut. Der geniale aber introvertierte Alexander Girardi spielte den Vogelhändler Adam (eine ausgesprochene Tenorpartie) *und* die komische Charakterrolle des Schweinefürsten Zsupan im „Zigeunerbaron"! Die Geistinger sang die „Schöne Helena" und - zur Abwechslung - auch manche Männerpartie. Natürlich konnte man sie demnächst wieder als Laura, die Geliebte des Bettelstudenten Symon, bewundern. Als sie - zeitweise - von der Operette „fadisiert" war, glänzte sie als Anzengrubers Horlacherlies mit Schnadahüpfeln in Bauernstücken oder als tragische Actrice in klassischen Dramenrollen. Die Gallmeyer hatte ein ähnlich breites Rollenspektrum. Es reichte von der Volksposse - wir würden sagen von der Klamotte - über Nestroy bis zur Gabriele in Offenbachs „Pariser Leben" und der Regine in der „Prinzessin von Trapezunt". Und wenn die „Prager Zeitung" anläßlich der „Schönen Helena" etwas süßsauer sagte: „Fräulein Geistinger ist ohne Zweifel die genialste Interpretin des Herrn Offenbach und seiner Muse. Denn was die Auffassung der Rolle betrifft, leistet sich der Gast in der Kunst des Dekolletierens noch etwas mehr als das mögliche, und in Rücksicht auf die künstlerische Durchführung muß selbst der Neid dem Schenkelkultus, womit Fräulein Geistinger die deutsche Bühne beschenkt, die vollkommenste Anerkennung zuteil werden lassen", - so löste die häßliche aber gut gewachsene Gallmeyer das Problem der Decouvrage auch ohne Hosenrolle und griechische Antike auf durchaus persönliche Weise. Das Publikum wartete bei ihren unbändigen, entfesselten Temperamentsausbrüchen nur auf den Moment, bei dem sie ihre stehende Redensart gebrauchte und „Jessas, Kinder, is mir haaß" (ist mir heiß) rief, denn mit diesen Worten bückte sie sich, ergriff ihren Rocksaum, hob ihn hoch und fächelte sich mit ihm ihr erhitztes Gesicht. Und wie's da drunter aussah, ging alle was an! Die berühmte Retroussage der Gallmeyer war so zuverlässig wie das Amen in der Kirche und hatte immer den gleichen Aufschrei des Entzückens zur Folge, obwohl die fesche Pepi bei dem Ausruf jedesmal ihren Ausdruck kunstvoll variierte. Wem diese Art exzessiver Exhibition ordinär und gewöhnlich erscheint, dem muß man ein entzücktes Schreiben Meister Offenbachs an die Gallmeyer entgegenhalten, in dem es heißt: „Sie haben mit solcher Grazie, solchem Leben, solchem Charme und solchem Feuer gespielt und gesungen, wie es keiner anderen Künstlerin gelungen wäre. Sie sagten mir einmal, Sie seien keine Opern-, sondern Lokalsängerin. Das weiß ich nicht; gewiß aber weiß ich, daß Sie eine der charmantesten und hervorragendsten Künstlerinnen unserer Zeit sind. . . Sie haben einen so scharfen Blick und so souveräne Meisterschaft in der Wiedergabe des Wesentlichen und für den Charakter Bezeichnenden, daß man, machte einem solche Eindringlichkeit nicht höchstes Vergnügen, vor Ihnen Angst haben müßte. Man sieht sich wie im Spiegel, mit allen Furchen und kleinsten Falten seiner Seelenhaut". . . – Aber zurück zu den operettenspezifischen ständigen Redensarten. Diese stereotypen Satzfloskeln, die zu geflügelten Worten wurden, bewiesen, wie der Operettendarsteller durch seine Präsenz in die Lebensgewohnheiten des Publikums eindringen konnte. Selbst heute noch wird in Wien das „Jessas, Kinder, is mir haaß" mit einer zumindest koketten Geste gebraucht. Auch Frosch's: „Ein fideles Gefängnis", Ollendorfs: „Schwamm drüber" wird in übertragenem Sinne angewandt. Ebenso ist Zsupans (Girardis): „Dos is ausgezaichnet!" noch umgangssprachliche Redewendung. Das „Wie wir alten Griechen sagen", das scheinheilige „Na, da kunnt i ja verdorb'n werd'n" (Gallmeyer) und das „Da kann man nichts machen, da steht man machtlos visavis" aus dem „Schwarzwaldmädel" ist ebenso in den Sprachgebrauch übergegangen wie das „Bitte sehr, bitte gleich!" des Komikers Karl Blasel als Kellner.

Das Recht auf die „ständige Redensart" war ein verbrieftes Privileg, das genauso erbittert verteidigt wurde, wie das Recht auf ein Auftrittslied, eine Soloszene und ein Couplet im letzten Akt. Aber es ging dabei nicht in erster Linie um die Vergrößerung der Rolle, um die breitere Wirkungsmöglichkeit. Es ging um weit mehr. Natürlich suchte der Operettenstar den Erfolg, Akklamation und Applaus. Aber er wußte, daß es ihm möglich war, nicht nur das Publikum zu begeistern, sondern auch auf dieses stilbildend einzuwirken, seine Lebensformen zu verändern, seine Alltagsgewohnheiten, seine Verhaltensstilistik, seine sprachlichen Ausdrucksmittel zu beeinflussen. Und nicht zuletzt die Mode seiner Zeit zu machen. Die Lederhose Girardis als Vogelhändler Adam, das Dirndlkleid der Geistinger kreierte erst den Modetrend der alpinen Volkstracht, der bis heute lebendig blieb, weil er durch den internationalen Erfolg des „Weißen Rößl" erneuert wurde. Girardis „Kreissäge" wirkte bis in die Zeit von Maurice Chevalier und Fred Astaire modebestimmend. Die lange Zigarettenspitze der Massary, das weibliche Monokel wurde nicht nur zum modischen Akzessoir sondern prägte auch menschliche Haltungen in den zwanziger Jahren. Schon vorher hatte Gianpietros „Donnerwetter tadellos" eine historische Epoche lang beispielhaft die Stilistik des zeittypischen forschen Leutnants festgelegt, obwohl diese ursprünglich als Parodie gedacht war.

Kein weltberühmter Operntenor, kein gefeierter Hamlet vom „Borchtheater" vermochte solches. Urwüchsigkeit und dekadente Eleganz konnte nur stilbestimmend von einer Kunstform vermittelt werden, die dem extemporierenden Witz und der Improvisationskunst eines originalen Typus und spezifischen Temperamentes die Möglichkeit zur vollen theatralischen Entfaltung gab. Das tat das Welttheater der Operette. Sie war wieder absolutes Theater in einem längst vergessenem Sinn.

Mit dem Ende der gesellschaftlichen und modischen Attituden als verpflichtendem Lebensstil begannen sich die Interpreten und das Genre grundlegend zu verändern.

Aber der Blick auf das Phänomen des Operettendarstellers der damaligen Zeit war wichtig, um die nachfolgenden Verwandlungen der Kunstform Operette zu verstehen.

OPERETTE ALS BELCANTO-OPER

Während in der deutschsprachigen Provinz - „Provauns" hätte die Gallmeyer gesagt - das Ringelspiel der Operette in „der Gewohnheit trägem Gleise" mit der Routine des alltäglichen Repertoirebetriebes sich automatisch weiterdrehte, mit leerer Schwungkraft und ohne neue Impulse zu entwickeln - Operette als Gewohnheitstheater sozusagen -, begann die erste Wiederauferstehung oder auch Wiederentdeckung des heiteren Musiktheaters, als gewichtige Herren und statuöse Damen das Territorium der Operette betraten, sich umsahen, die Landschaft inspizierten und - sie okkupierten. Es war wie bei einer Landnahme seinerzeit im wilden Westen Amerikas. Man steckte die Claims ab, räusperte sich, spuckte tüchtig, machte sich an die Arbeit und wurde bald fündig. Es waren soignierte Herrschaften, die sich nicht anmerken ließen, daß sie noch vor kurzer Zeit recht verachtungsvoll auf das Terrain herabgeblickt hatten, das sie nun in Besitz nahmen. Sie hatten zwar wenig von Pionieren an sich, aber einiges von den habgierigen Viehzüchtern der Ponderosa und den resoluten Farmersfrauen, die ihren Mann standen, wenn es um Besitz und Gewinn ging. Seitdem man in den USA gelernt hatte, das große Geld zu verdienen, nahm man es nicht mehr so genau mit der großen Kunst.

Mit den „seriösen" Kammersängern und Kammersängerinnen, Heldentenören, Hochdramatischen und Coloraturvirtuosinnen wurde die Leichte Muse von den „schweren Fächern" vereinnahmt. Wagnerhelden und Primadonnen setzten sich auf der Operettenbühne fest. Die Stimmkanonen schossen das Melodiengut der Operette in den Met-Scala- und Staatsopernrang hinauf. Nun erklang „Liebe, du Himmel auf Erden" mit der gleichen Stimmqualität wie Isoldens Liebestod, die Christel von der Post, die statt Küsse Rezepisse verteilt, tirilierte um die Wette mit den virtuosen Coloraturen Zerbinettas, „Dein ist mein ganzes Herz" bekam die ganze innige Zärtlichkeit von Mozarts „Dies Bildnis ist bezaubernd schön". Siegmund und Sieglinde sangen nicht mehr davon, daß Winterstürme dem Wonnemond gewichen seien, sondern bespöttelten den „Dummen, dummen Reitersmann". Jung Siegfried ließ sein Schmiedelied und Nothung, das neidige Schwert fahren, behauptete plötzlich, daß er gern „die Frauen" geküßt habe und all das auf Ehre könne und noch mehr. Und die Walkürenheroine stieß nicht mehr speerschüttelnd ihr martialisches Hojotoho hervor, sondern berichtete von „Vilja, o Vilja, dem Waldmägdelein". Sehen wir von den silvesterlichen oder festlichen

Jubiläumsaufführungen in den großen Opernhäusern ab, bei denen anläßlich einer überbesetzten „Fledermaus" oder „Nacht in Venedig" die lockere Tochter bei ihrer respektheischenden Mutter zu Gast sein durfte, so muß man sagen, daß nicht die Operette die Oper eroberte, sondern die Opernsterne gnädig zur Operette herabstiegen. Sie ließen sich den Ausrutscher, bei dem sie billig zu einer Bereicherung ihres Repertoires kamen, gut bezahlen. Aber die Operettenmusik wurde durch sie zweifellos ungeheuer aufgewertet. Sie wurde prestigemäßig sozusagen an kostbaren Stimmbändern auf ein künstlerisch höheres Niveau gehievt. Sie wurde konzertfähig, was soviel bedeutete wie die Satisfaktionsfähigkeit im studentischen Comment oder die Hoffähigkeit im Adelskreis. Aus den Tanzsälen kam die Operettenmelodie jetzt in die Konzertsäle, aus dem Rundkreis der Platzkonzerte, aus den Musikmuscheln der Kurpromenaden avancierte sie in den Großen Musikvereinssaal. Die Invasion der Operette durch die Oper ging kampf-, aber nicht sang- und klanglos über die Bühne. Wer zählt die Namen, die die Arien und Duette der Leichten Muse in den Operettenhäusern, aber auch auf den Schallplatten erklingen ließen. Beginnen wir mit Maria Jeritza, Tino Pattiera, Claire Dux, Marcell Wittrisch, Alfred Jerger, Adele Kern, Erna Sack, Erna Berger, Jarmila Novotna, Irene Eisinger, Maria Elsner, Gitta Alpar, Vera Schwarz, Michael Bohnen und enden wir, um die Liste nicht zu lang zu machen, mit del Monaco, Nicolaus Gedda, René Kollo, Fritz Kren, Eberhard Wächter und Anna Moffo. Sie waren sich alle nicht zu gering, das Lob der Operette zu singen, die statt goldene Äpfel goldene Schallplatten zu vergeben hatte. Natürlich haben wir sicher die wichtigsten vergessen. Sie mögen uns verzeihen.

Aber einen Sänger haben wir uns aufgespart, einen Mozartsänger von Gottes Gnaden, mit herrlicher Stimme begnadet und leider von schwerer Arthritis geschlagen: Richard Tauber.

Von der einmaligen Stimme ist nicht zu sprechen. Sie ist noch zu hören. Von seiner Krankheit muß gesprochen werden, sie war leider zu sehen. Sie machte ihn zeitweise fast bewegungsunfähig. Tauber war der Leib- und Magentenor des älteren Lehar, der für ihn seine Spätwerke schuf: „Friederike", „Paganini", „Zarewitsch", „Land des Lächelns". Wir wissen, wie sehr die großen Operettendarsteller an den Werken mitwirkten,was die Meister der goldenen Epoche einem Girardi, einer Geistinger etc. verdankten: mittelbare oder unmittelbare schöpferische Cooperation. Sie nahmen Rücksicht auf ihre Interpreten und deren Vorzüge. Lehar mußte Rücksicht auf den großen Nachteil seines Tenores nehmen, dessen Erkrankung seine ohnedies nicht allzu agile schauspielerische Begabung völlig lähmte.

So wurde aus der beschwingten Tanzoperette die operistische Sitz- und Stehoperette und es gab kein offenbach'sches „Wir stürzen uns in den Strudel, Strudel, Strudel" mehr.

Die kostbare Stimme wurde teuer erkauft. Denn nach Richard Taubers Beispiel fielen die letzten Hemmungen. Auch die bühnenfüllenden Erscheinungen, die raumverdrängenden Schwergewichte ließen sich nicht mehr davon abhalten, Operette nicht nur zu singen, sondern auch zu spielen - was immer sie darunter auch verstanden.

Und damit wurde der stimmliche Zugewinn durch das szenische und optische Defizit wieder aufgehoben. Der Charme des Operettenzaubers, ihr weltmännischer Schwung war dahin, an ihre Stelle trat das stimmschöne statische Operettenkonzert an der Bühnenrampe. Der Operettenszene war damit ein schlechter Dienst erwiesen. Diese Entwicklung wäre bedauerlich, ja katastrophal gewesen - machte sie doch die moussierende Operette zur immobilen Angelegenheit -, wären nicht an anderer Stelle gegenläufige Tendenzen und Bestrebungen entstanden.

OPERETTE ALS REGIETHEATER

In den Zwanziger Jahren wurde die Operette im Zuge der damaligen Theaterrevolution von der Regiekunst des avantgardistischen Musiktheaters entdeckt. Sie blieb nicht mehr länger das Betätigungsfeld alter Operettenkomiker und Routiniers, die ihre müden Arrangierkünste mit der „Erfahrung" ihrer Bühnenjahre und dem Knowhow probater Wirkungsklischees ausübten und sich dabei meist auf „bewährte Stellungswechsel" und das Anordnen von finalen Tableaux beschränkten; wenn sie es nicht vorzogen, die codierten Vorschriften eines ausgedruckten Regiebuches zu benützten, das der Musikverlag mit dem Notenmaterial dem amtierenden Spielleiter mitsandte und das nach Gebrauch wieder zurückerstattet werden mußte. Sozusagen: „Regie leihweise", die den bequemsten Spielablauf garantierte. Das führte dazu, daß die Csardasfürstin in Sondershausen genauso aussah wie in Mährisch-Ostrau.

Die progressiven Kräfte des jungen Musiktheaters erkannten in der Operette formbares Material für aktivierte, totale Szenik. Man näherte sich der in Verruf geratenen Kunstform mit literarischem und intellektuellem Interesse, vorurteilslos und unbefangen von Routine und Rasterdenken.

In der allgemeinen Meinung wurde die Operette damals verachtet aber respektiert, wir achteten sie hoch und respektierten sie nicht. Wir sahen sie nicht als Phänomen der musealen Theatergeschichte, sondern als artifizielles Gebilde menschlicher Geistesgeschichte, das selbst in seiner trivialsten Ausprägung verbindlichen Zeitausdruck darstellt, sowie als herrliches Vehikel für die Präsentation theatralischer Biomechanik.

Alexander Tairoff begann im Moskauer Kammertheater sein „Entfesseltes Theater" mit einer Inszenierung der „Giroflé-Girolflá" von Lecocq, einer frühen französischen Operette. Seine Bühne war nicht umsonst ein intimes Haus. Die Abkehr der Operette von dem operistischen Gesangstheater oder von dem einem Boulevardvergnügen verpflichteten Gesellschaftstheater und die Hinwendung zur artistisch bewältigten Musikkomödie war eine Revolution des ganzen Genres. Sie war die Rückkehr zu der intimen, kleinen Form der offenbachschen Uranfänge, aber auch zu der Bewegungs- und Körperartistik der Commedia dell'arte. Die Operette wurde zum Spielplatz der inszenierenden Jugend. Und ich darf sagen, daß wir dabei waren, mein Freund der Bühnenbildner Reinking und Cläre Eckstein, die geniale Choreographin. Sie war so herrlich unbelastet von „Erfahrung", daß ihr die Unkonventionalität so leicht fiel. Und in den Hamburger Kammerspielen brachte der junge Gustaf Gründgens Offenbach heraus, mit den Thomas-Mann-Kindern und mit Gretel Walter, der Tochter Bruno Walters, am Klavier - dem einzigen Musikinstrument dieser Aufführungen. Der tanzende, coupletsingende Zeitgeist, der sich noch in dem primitivsten Operettenblödsinn zeigte, machte, daß der Schauspieler sang und tanzte, der Sänger tanzte und spielte, der Tänzer spielte und sang: Totales Theater! Und selbst die Tanzgruppe bekundete die brüske Abkehr von den neckisch-geschmäcklerischen Balletteinlagen, den einfallslosen, symmetrischen Choreographien mit dem herkömmlichen Schrittfundus verkitschter National- und Gesellschaftstänze. Die Tanz-„Szene" wurde zum integrierten Bestandteil spöttischer, kritischer Situations- und Zustandsschilderung von oft bösartiger Komik, ein homogenes Element des inszenatorischen Gesamtkonzeptes. Sogar die Wiederholung des Nachtanzes am Schluß des Buffoduettes, eine genretypische Eigenart der modernen Tanzoperette, ein vorgeplantes und inszeniertes Dacapo, oblag der Aufgabe, das Publikum nach der „Nummer" wieder raffiniert in das Handlungsgeschehen zurückzuführen.

Es blieb jedoch nicht bei der komödiantischen Bravour, der tänzerischen Virtuosität, der pantomimischen Beredsamkeit der Darsteller oder bei einer präzisen, fast kabarettistischen Vortragskunst. Wir entfesselten auch die Dekors, die Bühnenmaschinerie. Die Mobilisation aller theatralischer Elemente war radikal. Hier blieb kein Platz für Konventionen und Überkommenheiten. So gab es schon 1927 eine Inszenierung der „Schönen Helena" von Wilhelm Reinking und mir am Würzburger Stadttheater, in der auf einer großen, im Hintergrund aufgehängten Anzeigentafel Schriftprojektionen erschienen, die die szenischen Vorgänge ironisch glossierten aber auch - und das führte zum Skandal - umstrittene „Sitten"-Erlasse der stockklerikalen Kommunalverwaltung spöttisch anprangerten. Wir operierten also gleichzeitig auf drei Bewußtseinsebenen.

Die dreiaktige Kunstform löste sich in viele Einzelbilder auf, die in einer szenischen Gesamtidee wieder zur geschlossenen Form fanden. Der lockere Ablauf wurde durch Trickverwandlungen und eine spielerisch unnaturalistische mobile Szenik ermöglicht. Die Umwandlung der schematisch gefügten Operettenform begann. Sie hat bis heute noch nicht aufgehört.

Oscar Bie hat diesen neuen inszenatorischen Trend, der die Operette mit nahezu liebevoller Wut erfaßte, sehr hübsch beschrieben. Nachdem er die Operettenkomponisten tadelte, die wieder zur Oper zurückstrebten, heißt es:

> „Sie kehren eine Kunst um, noch ehe sie sich entwickelt hat. Sie befinden sich in der grotesken Lage, daß die Regie ihrer Werke diese selbst Lügen straft. Der gute Regisseur der modernen Operette akrobatisiert seine Gattung. Er läßt seine Figuren, seine Chöre in einem Stil sich bewegen, der das groteske Ornament des wirklichen Lebens zeichnet und eine Travestie der Geste kultiviert, die den Realismus lächerlich macht. Im Tanznachspiel des Couplets, in der Arabeske des Ensembles, in jeder Auflösung des Gesanges in stumme Körperrhythmik ist er heute der wahre Operettendichter. Es gibt kaum noch wo anders eine solche Divergenz zwischen Regie und Stück, kaum noch wo anders ist der Autor heut so angewiesen auf die Rettung durch den Regisseur. Es ist Zeit, daß er sich auf sich selbst besinnt. . ."

Nun, die wenigen, übriggebliebenen „Autoren" besannen sich nicht - und das Theater mußte sich selber helfen. Wilhelm Reinking hat in seinem vortrefflichen Buch SPIEL UND FORM (1979, Christians Verlag Hamburg) einige unserer Inszenierungen ausführlich beschrieben, deren Szenenfotos hier gezeigt werden. Die „ambulante Szenik" (wie der Theaterkritiker Bernhard Diebold es nannte) wurde eine Spielwiese für komödiantische, equilibristische Behendigkeit und damit zum Vergnügen avantgardistischer Schauspieler.

Aber auch zum Entzücken eines Publikums, das der herkömmlichen Operettenbelustigung müde, überrascht ein autarkes Theaterereignis konstatierte. Die Operette für stimmbegabte Schauspieler oder spielbegabte Sänger und Tänzer war eine Kostbarkeit des totalen Musiktheaters und machte aus den Operettenaufführungen progressiver Bühnen in den zwanziger Jahren hochqualifizierte Delikatessen, die musikalisch zu betreuen, sich kein Generalmusikdirektor entgehen ließ. Ein „Mikado" unter Karl Böhm, eine „Csardasfürstin" unter Schmidt-Isserstedt, eine „Perichole" unter Fritz Zweig gehörte nicht zu den Ausnahmen - (von der festlichen „Fledermaus" einmal ganz abgesehen). Die Aufführungen hatten durchaus experimentellen Charakter und waren meist glanzvolle Akzente im Spielplan renomierter „Kleiner Häuser".

Es war der erste wirklich echte Gestaltwandel der Operette, der natürlich eine neue szenische Bearbeitung erforderte, während er einer grundlegenden musikalischen Neubearbeitung entraten konnte.

Diese experimentellen, bilderreichen Kammeroperetten des musikalischen Regietheaters trafen den Nerv ihrer Zeit. Sie hatten Modellcharakter und wirkten auch auf andere theatralische Bestrebungen der Epoche ein.

DIE REVUEOPERETTE

Etwa zur gleichen Zeit vollzog sich in den deutschsprachigen Haupt- und Großstädten eine andere Mutation der Operette; die Auflösung der dreiaktigen Spielopernform zur Revue-Operette in vielen Bildern, mit Varieté-Einlagen und Schauszenen, meist auch in textlicher und musikalischer Neufassung. Die zwanziger Jahre waren die große Zeit der Ausstattungsrevuen, die sich von den Revuen der Vorkriegszeit mit ihrer vergleichsweisen Kargheit und preußischen Sparsamkeit grundsätzlich unterschieden. Aber man wurde der spannungs- und aktionslosen Bilderfolge mit rein spektakulärem Ausstattungsaufwand, die nur durch einen „Roten Faden" zusammengehalten wurden, im Zeitraum von wenigen Jahren überdrüssig, - und über Imitationen des Pariser Chatelets und einiger Broadway-Vorbilder, kam man wieder zu der ergiebigeren Operette zurück, deren Handlung mehr an Dramatik hergab, aber nicht zuviel davon besaß, um den spezifischen Revuecharakter zu gefährden.

Die Revue-Operette der zwanziger Jahre war die erste Ausweitung des bürgerlichen Unterhaltungstheaters Operette zum proletarischen Massentheater. Es ist ihr bezeichnender Weg aus dem Metropoltheater Berlins in das Große Schauspielhaus, dem früheren Zirkus Schumann an der Weidendammer Brücke, das unter dem einstigen Tänzer, Ballettgruppenleiter und Choreographen Eric Charell als Revuebühne zu Weltgeltung aufsteigen sollte. Er hatte Max Reinhardts Hinterlassenschaft übernommen und brachte den Riesenrundbau mit der Stalaktitenarchitektur Poelzigs zum Erfolg. Er wurde mit Revuen wie „An Alle", „Für Dich" etc. der größte, aber auch der künstlerischste und geschmacksicherste Showman der Ersten Republik. Er brachte die Tillergirls zum erstenmal nach Deutschland, entdeckte viele Schautalente und er hatte einen Stab der kultiviertesten Ausstatter, der einfallreichsten Szenenbildner.

Er hatte den richtigen Instinkt, sich einer dramatischeren Kategorie zuzuwenden, als die reine Revue öde zu werden begann. Er griff nach der Operette und formte sie nach seinen Bedürfnissen. Sie erhielt ein neues dramaturgisches Skelett, zusätzliche Handlungselemente, neue Schauszenen, Tanzbilder,personelle Massenaufgebote, spektakuläre Demonstrationen von Spezialitäten und artistische Nummern des internationalen Showgewerbes oder den Schauwerten einer publikumswirksamen Folklore. Abermals wird das versteinte Gehäuse der Operettenform, diese Erblast von Seiten der opera comique, umgebrochen. Sie gewinnt gelegentlich dabei nicht nur, sie verliert auch die Geschlossenheit, den einheitlichen Zusammenhang und vielfach auch die innere szenische Logik. Andererseits steuerten die vielen revuehaften artistischen Spielformen und Stilarten jenem Operettennaturalismus, der ihr schon so oft so gefährlich geworden war.

Die Bemühungen um die Revue-Operette nach dem Beispiel Charells waren alles andere als puristisch.Scharen von authorisierten und unauthorisierten Bearbeitern, Musikdramaturgen, musikalischen Erneuerern stürzten sich auf die Operette und vollzogen kosmetische Operationen am laufenden Band. Zusätzliche Musiknummern wurden geschaffen, aus vergessenen Werken des Komponisten hervorgekramt, neue Instrumentierungen veränderten Klangfarben, Klangwerte und Klangvolumen des Orchesters, neue Personagen entstanden, Verlagerungen der Schauplätze, des geographischen Ortes und der historischen Zeit der Handlungen wurden vorgenommen. Die Operette überstand alles. Es ist selbstverständlich, daß dies an verschiedenen Orten mit verschiedenem Erfolg geschah. Manches wurde exemplarisch, anderes lohnte sich nicht und blieb verlorene Liebesmüh. Charell beließ es jedoch nicht bei der revuehaften Adaption vorhandener Operettenwerke sondern schuf - oder ließ neue schaffen, die bereits von Anfang an für die Revuebühne konzipiert waren. Sie wurden Welterfolge!: Das „Weiße Rössel", „Die Drei Musketiere", aber auch die dank Theo Mackeben posthum zum Erfolg gekommene „Dubarry" Millöckers war schon als Revueoperette geplant.

Die Revueoperette wurde hart angegriffen. Man verzieh ihr die Verstöße gegen die Werktreue nicht. Aber sie hatte zweifellos ihre großen Verdienste und Vorzüge. Wir verdanken ihr vor allem den Bruch mit dem illusionistischem Guckkastentheater. Denn sie griff kühn über den Proszeniumsrahmen hinaus, vernichtete seine separierende Funktion durch dekorative Umkleidung, bezog den Orchesterlogentrakt in den Schauplatz und in die Handlung ein, überbrückte die Rampe durch die revue-eigenen Laufstege und überwand den „Mystischen Abgrund" (Wagner) des Orchesters, indem sie szenisch tief in den Zuschauerraum hineinwirkte. Dieser Anteil der Revue-Operette an den damaligen Raumbühnenversuchen war eine wichtige Vorbereitungsarbeit für ihren siegreichen Einzug in die neuen technischen, später elektronischen Unterhaltungsmedien.

* * *

Daß die Operette während des 3. Reiches auch wieder erneut auf die Bühne zurückflutete - in ihrer alten Form oder auch szenisch aufgelockert - hat seinen Grund in einem prinzipiellen Mentalitätswechsel des Publikums. Die Operette, früher - wie immer wieder gesagt - aktuelles Zeittheater, wurde in den lastenden Tagen des Krieges zum dankbar ergriffenen Fluchtziel einer kurzfristigen, nämlich zweieinhalb bis dreistündigen inneren Emigration. Fand der einstige Operettenbesucher in der „Fledermaus" oder in der „Lustigen Witwe" seine eigene Lebenswelt, seine Person - oder ihre Wunschvorstellung - als Eisenstein, Danilo oder René, Graf von Luxemburg widergespiegelt, seine positivistische genußvolle

Lebensanschauung bejaht, seine Daseinsform und Lebensphilosophie bestätigt, so wurde die Operette während des Nationalsozialismus zum Objekt des Escapismus. Was im „Theater des Volkes" (dem früheren Großen Schauspielhaus) in Berlin damals unter „Kraft durch Freude" firmierte, hatte sich zum Vehikel der Zeitflucht entwickelt. Die Operette wurde zum Opiat, zur Betäubungsdroge und Beruhigungspille. Nach dem zweiten Weltkrieg genoß die Operette auf der Bühne eine Vorzugsstellung, solange sie Tauschgegenstand für entwertete Reichsmark darstellte.
Mit der Währungsreform sank ihre Bedeutung jäh ab.
Ihre ungebrochene Weiterwirkung setzte sich jedoch an anderer Stelle fort.

DIE STUMMFILMOPERETTE

Auch die enragiertesten Kinofeinde - und deren gab es in der Kinderzeit des Filmes, als „die Bilder laufen lernten", viele - nahmen widerspruchslos zur Kenntnis, daß sich der Stummfilm umgehendst aller dramatisch-wirksamen Geschehnisse bediente. Der Überfall auf die Westerneisenbahn, alle Naturkatastrophen, die Haupt- und Staatsaktionen der Weltliteratur, die spektakulären Begebenheiten der Geschichte, all das war willkommener Rohstoff für das sprachlose Kinostück. Auch das Sittendrama: der bärtige Familienvater - arm aber ehrlich - der seine schuldlos gefallene Tochter mit biblischer Gebärde von der Schwelle seiner Hütte weist. . ., die Ehegattin, die zur Schande des gräflichen Gemahles der überzeugenden Gestik des pomadeglatten Verführers mit händeringender Tugendhaftigkeit erliegt. . ., die armen Waisen im Sturme der Zeit: Kino, Kino, Kino! Und die Burleske fortwährender Verwechslungen, die Komik der Tücke des Objektes, die Spassigkeit von gagreich choreographierter Flucht und Verfolgung, das Schauvergnügen von Prügeleien, kurz Slapstick: Kino, echtes Kino.

Diese Urzeit des Kintopps ist festgehalten in den Geschichtsbüchern und Chroniken des Filmes. Aber keines dieser Werke beschäftigt sich mit einem Genre, das sich der frühe Stummfilm nicht entgehen ließ und das absurd erscheint wie ein haarsträubendes Paradoxon: die Stummfilmoperette! Stumme Operette, gefilmtes Musiktheater ohne Musik, ein primär akustisches Phänomen ohne Akustik, war das nicht so unsinnig wie ein Stummfilm für Blinde?

Nun, für den Wahnsinn gab es Methode, aber auch plausible Begründungen: Erstens, das stoffhungrige Vehikel Film konnte hier auf ein Handlungsgeschehen von hohem Bekanntheitsgrad zählen. Die Voraussetzung des Plots brauchte damals nicht erläutert zu werden, man konnte unterstellen, daß sie jedem geläufig war. Diese Handlungen und ihre dramatischen Konflikte waren populär, man liebte sie im breiten Publikum wie die Geschichten der seinerzeitigen Trivialliteratur. Man konnte also von vorneherein mit einem großen interessierten Zuschauerkontingent rechnen.

Und was - zweitens - die Musik betrifft, so waren die Melodien dieser Operetten in allen Ohren, sie erfüllten wie der Gassenhauer die tägliche und nächtliche Atmosphäre. Sie lagen einfach in der Luft. Man konnte sie förmlich mit dem Luftholen aus der Luft holen. Sie waren selbst zu Gassenhauern geworden - nicht zu nostalgischen Erinnerungswerten, wie sie heute die Evergreens der Operette darstellen. Sie waren aktuell und buchstäblich und im übertragenen Sinne gegenwärtig.

Also genügte es, wenn der Klavierspieler - neben dem Filmerklärer die wichtigste Persönlichkeit der Kinovorstellung - die bekannten Melodien zu den jeweiligen pantomimischen Szenen klimperte, das heißt, das Stummfilmgeschehen mit dem Liedgut der Bühnenoperette illustrierte.

Stiftete der Lichtspieltheaterbesitzer zum obligaten schrägen Klavier noch zusätzlich eine Geige, barst bereits, wie es bei Morgenstern heißt, „der kleine Cohn vor lauter Illusion."

Und in großen Häusern, den Kinopalästen, war sogar ein renomiertes hauseigenes Sinfonieorchester am Werk, unter der Leitung eines Dirigenten, der in der akustischen Untermalung filmischer Vorgänge mit geeigneter Musikthematik Erfahrung hatte.

Aber das war noch nicht das Ende der künstlerischen und technischen Möglichkeiten der Stummfilmoperette. Wozu hatte Edison das Grammophon erfunden! Geschickte Hände konnten zu den jeweiligen Szenen Schellackplatten auflegen und damit eine musikalisch-akustische Wirkung erzielen. Natürlich war nichts synchron, der musikalische Genuß lief in einer anderen, zweiten Dimension ab. Aber er summierte sich mit den optischen Eindrücken, selbst wenn er nur die Funktion einer stimulierenden Illustration hatte.

Doch auch dieses war nur eine weitere der vielen Möglichkeiten.

Der in den Handlungsablauf eingeschnittene stummfilmeigene Schrift-Titel ließ sich ohne weiteres zum fünfzeiligen Notensystem machen, unter dessen Viertel-Achtel- und Sechzehntel-Notenköpfen die Liedtexte zum Mitsingen aufforderten. Diese „musikalischen" Notenschrift-Titel konnten auch zu einem fortlaufenden Band eingeblendeter Untertitel werden, was dem ungebrochenen Ablauf des kinematographischen Geschehens sehr förderlich war.

Und handelte es sich um die Superproduktion einer potenten Filmdirektion, die keine Kosten scheute, dann reiste mit der Filmkopie von Kino zu Kino ein Quartett von Operettensängern, das irgendwo im Saale Aufstellung nahm und nicht nur für die instrumentale, sondern auch für die vocale Ausstaffierung des Streifens sorgte.

Doch blieb die Stummfilmoperette nur ein verhältnismäßig kurzes Intermezzo, denn die Technik lieferte dieser merkwürdigsten aller szenischen Gattungen, schon nach wenigen Jahren den fehlenden Ton nach.

Damit wurde die Operette zum erstenmal in einem neuen Medium wiedergeboren, und man könnte über das abstruse Phänomen der Stummfilmoperette mit einem nachsichtigen Lächeln hinweggehen. Und doch ist sie ein bemerkenswerter Markstein in der Geschichte der Unterhaltungsmedien. Bei ihr wurde zum erstenmal ein szenisches Gesamtkunstwerk in seine verschiedenen Ausdrucksmittel - Bild und Ton - aufgespalten, ein Vorgang der Schizophrenie in der technologischen Entwicklung, der die Phänomenologie der Unterhaltungsmedien noch lange beschäftigen und viele Fragen stellen sollte.

Aber wir müssen noch auf einen weiteren Zusammenhang zwischen Stummfilm und Operette hinweisen, der bislang kaum beachtet wurde. Natürlich bemühte sich der Kintopp, die zappelnde Leinwand, sehr bald um den großen Mimen, den prominenten Darsteller, und er hatte es eilig, eine Sarah Bernardt für sich zu gewinnen. Er buhlte um die berühmten Reinhardt-Schauspieler mit Star-Image, von denen er anfänglich massenweise Körbe bekam, denn die Afterkunst des Kinos war Schaustellerei. Einzig der große Paul Wegener hatte keine Vorurteile und das Gespür für die künstlerischen und phantastischen Möglichkeiten dieses stummen, photographierten und projizierten Theaters.

Menschenhungrig wie das neue Medium war, holte es sich seine Schauspieler buchstäblich von der Straße - die heutigen Filmemacher tun es noch immer - und infolge seiner halsbrecherischen Aktivitäten auch aus der Welt der Zirkus- und Varieté-Artisten. Aber seinen stärksten und zuverlässigsten Rückhalt hatte der Kintopp im damaligen spezifischen Operettenpersonal. Während auf der Operettenbühne die Opernsänger einzogen, ging der Operettendarsteller auf die stumme Leinwand.

Die imposante Garde der Operettenkomiker lief geschlossen zum Film über, die Dicken, die Dünnen und die Begabten, um mit Nestroy zu sprechen. Das war klar. Das Kino brauchte Lachkanonen. Aber der frühe Stummfilmglamour kam ohne Operettenglanz nicht aus. Das hatte seinen Grund. Man darf nicht vergessen, daß vor und während des ersten Weltkrieges und im inflatorischen Nachkrieg sich das Vorstellungsbild von eleganter Welt mit Operettenassoziationen verband, die sich sofort auf den Stummfilm übertrugen. Die Filmdekorationen des mondänen gesellschaftlichen Lebens waren Operettendekorationen. Der damalige Gesellschaftsfilm ohne soziales Engagement spielte in einer Operettenwelt. Und thematisch: der Graf und das Nähmädchen, der fesche Husar - goldverschnürt sogar -, bald zum Gigolo verkommen, und die reiche Gattin des Börsenjobbers - das war zugleich Film und Operette, gleissnerisches Trugbild des wahren Lebens.

Operettensterne waren immer noch Publikumslieblinge, wenn auch gelegentlich nur von lokaler Bedeutung. Aber sie hatten das „Gewisse Etwas", das „Je ne sais quoi", sie hatten noch die Aura. War der Operettentenor nicht der geborene Filmbeau? Er hatte - oft nur talmihaft - das savoir vivre, die Nonchalance des versierten Lebemannes, den Flair des Roués. Wem paßten die diversen Phantasieuniformen so angegossen wie dem Operettentenor? Wer trug die Breeches zum Reitanzug, den Tennisdress, den Blazer, die Clubjacke, das Skikostüm mit der Werbekraft eines Dressman, aber so selbstverständlich lässig, als wäre er darin geboren. Ganz zu schweigen vom weißgefütterten Frackmantel, vom Zylinder und Chapeau claque. Und wer brach sogar mit den unsäglichen Wickelgamaschen zu Sportmütze und Sportjakett die Herzen der Frauen? Er!

Apropos Frauen. Wie verhielt es sich mit den Damen im Film? Ebenso. Nicht umsonst entlieh sich das Kino den Begriff Filmdiva von der Diva des heiteren Musiktheaters. Wer gab sich als Backfisch mit Zöpfchen, als lüsterne Halbjungfer, als keusche Komtesse und kokette Prinzessin? Natürlich die Operettensoubrette mit den tanzfreudigen Beinen in Söckchen oder Seidenstrümpfen. Wer war als Grande Dame, Aristokratin und Kokotte so souverän wie die Operettendiva? Sie trug als erste im Film Auto- und Fliegerdress und erschien im Reitkleid,obwohl sie noch nie ein anderes Pferd in der Nähe gesehen hatte als einen Droschkengaul. Wer räkelte sich so verführerisch und so soigniert auf dem Divan des herrschaftlichen Salons? Kein Gelbstern der Konfektionsbranche konnte so unnachahmlich im pailettenbestickten Abendmantel mit Straußenfedern und Pleureusen ein Treppenhaus herabsteigen wie sie.

Nein, es war kein Zufall, daß der Film das Operettenensemble für sich rekrutierte. Ihrer beider Mentalität war deckungsgleich. Sie repräsentierten immer noch etwas, was es schon kaum mehr gab.

Die Wunschtraumwelt der Operette ging in die Wunschtraumwelt des Stummfilmes bruchlos ein.

Und wer wußte die Trivialgefühle von Liebe und Leidenschaft so perfekt auszudrücken wie die Darsteller konfliktreicher Operettentragödien. Als der österreichische Feudalherr und große Industriemann Alexander Graf Kolowrat zu seinem und seiner Clubfreunde Vergnügen, aber auch aus geschäftlichem Weitblick, eine Filmgesellschaft in Wien gründete, gab er ihr die Koseform seines Vornamens, Sascha, als Firmentitel. Die Sascha-Film, die bald Weltruf erringen sollte, kam ohne die halbseidene Lebewelt der Operette nicht aus. Ihre Koryphäen holte man vom Bürgertheater, vom Stadttheater, vom Johann-Strauß-Theater, vom Raimundtheater und vom Theater an der Wien, also fast ausschließlich von Wiener Operettenbühnen.

Die Anzahl der ursprünglichen Operettendarsteller im reichen Ensemble der Stummfilmsterne ist enorm. Die vollständige Aufzählung der Namen würde erstaunen. Sie erübrigt sich, denn die meisten dieser wohlklingenden Künstlernamen sind Schall und Rauch geworden. Einst waren sie Begriffe. Es genügt,an wenige zu erinnern: Mia May, Trude Hesterberg, Hella Kürty, Hanni Weiße, Alice Hechy, Paul Heidemann, Kurt Vespermann, Max Adalbert, Fritz Schulz, Max Pallenberg - genug -. Stellen wir aber fest, daß der wichtigste Mitgestalter der typischen Berliner Operette, Bolten-Baeckers, einer der ersten Stummfilmregisseure wurde, daß die Operettendynastie Marischka sich früh mit dem Stummfilm verheiratete und der nachmalige Starregisseur des Nazi-Filmes Hans Steinhoff Operettentenor war. Und gedenken wir besonders des Stummfilmdarstellers und Operettentenors Willi Forst. Wir werden ihm noch später begegnen.

Aber vergessen wir auch nicht, daß uns der große Regisseur Ludwig Berger mit der Filmoperette „Ein Walzertraum" (mit Willi Fritsch und Mady Christians) einen Klassiker des Stummfilms geschenkt hat.

Oscar Bie schrieb 1923 eine kleine Monographie über Fritzi Massary. Sie bedankte sich bei ihm mit einem reizenden Brief. Sein Schluß soll unser Kapitel beenden:

> *„Ihre Phantasie über die Operette ist sehr lustig, aber ich weiß nicht, ob mir das so liegen wird. Ich stehe zu sehr auf festen Füßen. Entschuldigen Sie mich für heut', ich muß auf die Probe. . . Sie sind ein Philosoph und ich habe einen Beruf. Darf ich Sie mal zum Mittagessen zu mir bitten? Ich habe sonst so wenig Zeit! Jetzt kommt auch noch das Kino!*
>
> *Ihre*
> *Fritzi Massary.*

DIE FUNKOPERETTE

Während sich die Operette in den zwanziger Jahren auf Revuetheatern und progressiven Regiebühnen aus jahrzehntealten Schablonen und Klischees befreite und im Stummfilm eine der Not gehorchende und vorläufige Behelfsform gefunden hatte, in der das musikalische Element zwar „lebendig" sich an der Seite des Kinoproszeniums oder in einem schmalen Orchestergraben befand, aber nur als akustischer Background zu der Projektion des optischen Geschehens wirksam wurde,war ein neues Massenmedium entstanden,das - umgekehrt zur Stummfilmoperette - aus technischen Gründen ohne optische Dimension auskommen mußte, dafür aber allein der akustischen diente:der Rundfunk.Wie das junge Medium des Filmes bildhungrig um optische Ereignisse und Effekte bemüht war, so stürzte sich das Radio auf das reine Hör-Erlebnis. Der Bedarf an Unterhaltungsmusik stieg bei diesem Vehikel, das seine Produkte durch den Äther transportierte, ins Ungemessene, die Programmnöte der Sendeanstalten wuchsen immer mehr. Denn bald bat man im Kopfhörer und später im „Empfänger" nicht mehr entschuldigend „Auf Wiederhören in fünf Minuten", sondern bereitete neben der Information und ersten Hörspielversuchen einen endlosen Musikteppich aus, drehte den Musikhahn zur täglichen musikalischen Dauerberieselung auf, die sich bald nicht nur aus einem, sondern aus vielen Kanälen auf den Zuhörer ergoß. Man bediente den Erwachenden mit Morgenständchen, ersetzte der kochenden, waschenden, bügelnden Hausfrau den Leierkastenmann und die Harfenjule im Hinterhof, belieferte die Familie mit Mittagskonzert, nachmittäglichem Kaffekonzert, Tanzmusik zum Fünfuhrtee, und beendete den klangreichen Tag schließlich mit Sinfoniekonzert und Abendserenade - von der späteren nächtlichen Autofahrermusik ganz zu schweigen. Kein Wunder, daß sich im Unterhaltungssektor des neuen Massenmediums die Operette ihren Platz eroberte. Erst als Operettenlied, dann als Operettenkonzert und schließlich als Funkoperette. Das dramatische, theatralische Kunstwerk der Operette als ausschließliches Hörerlebnis war neu und stellte den Gegensatz zur Stummfilmoperette dar. Es war abzusehen, wann sich der Rundfunk nicht mehr damit begnügte, sozusagen als Radio-Reportage oder Dokumentation eine erfolgreiche Theatervorstellung drahtlos zu übertragen, sondern versuchte, eine eigene Form zu schaffen. Als man die spezifische Funkoperette kreierte, trug man wie im dramatischen Hörspiel (anfangs noch Radiodram genannt), den technischen und ästhetischen Gegebenheiten und Erfordernissen des Rundfunks entsprechend Rechnung. Nach Ausfall der sichtbaren Spielszenik verlegte man alle Bemühung auf die hörbare Vermittlung des Geschehens. Die funkische „Einrichtung" wurde zur mediengerechten Funkbearbeitung, die für eine akustisch betonte Funkregie mit funkdramaturgisch begründeten Moderationen, Handlungsverkürzungen, Veränderungen und Umstellungen ihr Hauptgewicht darauf legte, die unsichtbare Szene in eine akustisch wahrnehmbare Umwelt zu verlagern, das nicht mehr optisch Wahrnehmbare hörbar zu machen. Damit entstand in der Funkoperette ein spezifisches Genre. Da nur erstklassige Sänger das eindrucksvolle Sendeerlebnis vermitteln konnten, trat natürlich in erster Linie die schöne Stimme ans Mikrophon. Der große Sänger hatte ja inzwischen auf der Bühne und im Schallplattengeschäft das Operettenrepertoire eifrig studiert. Aber was er und seine stimmbegabte Kollegin dank ihren prominenten, imponierenden äußeren Erscheinungen auf der Bühne noch fertigbrachten, nämlich, eine Spielsituation mit Ach und Krach über die Szene zu bringen - oft von dankbaren Zuhörern und nachsichtigen Zuschauern gütig belächelt -, das fiel in der durch den Äther transportierten Sendung aus: die Magie und der Reiz der berühmten Persönlichkeiten. Den meisten mangelte es an Sprachkunst und Sprechkultur, an der Fähigkeit differenzierter und nuancierter, milieu- und situationsaussagender Textgestaltung, an virtuosem Sprechtempo und an dynamischer Dialogführung, kurz an dem, was sich durch Darstellungskunst dramatisch-akustisch vermitteln ließ. So paradox es klingt, gerade die Funkoperette bedurfte des „Schau"-spielers für den Textpart. So kam es, daß der Schauspieler das gesprochene, der Sänger das gesungene Wort übernahm. Die Aufspaltung der Rollengestalt war in den neuen technischen, später elektronischen Massenmedien nicht mehr aufzuhalten. Der immer größere Perfektionsdrang der Darbietung führte unweigerlich zur Schizophrenie der Kunstgestalt. Sie wurde durch die neuen technischen Mittel zur synthetischen Rollenfigur. Stand in der Funkoperette der Schauspieler noch neben dem Sänger, so trat im Film der Artist als Stuntman an Stelle des Schauspielers, das weibliche Double lieh der physisch weniger begnadeten Darstellerin in der Großaufnahme ihr hübscheres Bein, den schöneren Busen, der Tonfilmstar entlieh sich das Stimmwunder eines Konzertvirtuosen, der schlechtsprechende oder fremdländisch radebrechende Filmschauspieler bekam eine perfekte Synchronstimme. Über das Phänomen des synthetischen Darstellers in den Massenmedien wird noch ausführlicher zu sprechen sein. Aber ein anderes, schwerwiegendes Moment kündigt sich schon hier als Folge der zunehmenden Manipulation, die die Rollenfigur über sich ergehen lassen mußte, an. Bei den „live"-Sendungen der Funkoperette war die Aufspaltung der Rollengestalt in Sänger und Schauspieler noch dem Publikum im Sendesaal sichtbar und wurde nicht verhohlen. Entsprechungen dafür finden sich bereits in der antiken Bühnenpraxis, bei der der Sänger die Darbietungen des Pantomimen auf gleichem Podium stehend mit Gesang begleitete. Die Täuschungsabsicht wurde gar nicht erst versucht. In den späteren Medien war eine Täuschungswirkung beabsichtigt.- Als die Darbietung zur „Produktion" wurde, war ein weiterer Schritt auf dem Wege zur restlosen Manipulation getan. Denn die Teilung der

Aufgabenbereiche ermöglichte nun die produktionstechnisch bequemere Praxis, die Erstellung der Dialogkomplexe von der der komplizierteren Musikaufnahmen zeitlich und räumlich völlig zu trennen. Die Produktionsmethode der Fertigung von Einzelteilen zur späteren Montage des Endproduktes machte aus der kreativen Gestaltung eines Kunstwerkes einen vielfältigen Fabrikationsvorgang.

Der Vollständigkeit halber muß an dieser Stelle ein anderes akustisches Medium erwähnt werden, das zunehmend künstlerische und wirtschaftliche Bedeutung gewinnen sollte. Es hat mit der hier behandelten Funkoperette unmittelbar nichts zu tun, dient aber wie diese dem reinen Hör-Erlebnis und hat die Eigenschaften der Medien im Zeichen der technischen Reproduzierbarkeit der Künste. Es ist das Langspielplatten-Album (oder neuerdings die Kassette) mit der Gesamt„einspielung" eines Operettenwerkes mit Weltstars und Meisterdirigenten als Interpreten. Auch hier kann man gekürzte Hörspiel-Dialogszenen feststellen, die die Handlung vermitteln oder eine Moderation, die sie erzählend an den Zuhörer heranbringt. Eine weitere Ähnlichkeit mit der Funkoperette liegt darin, daß die Plattenaufnahme mobil und nicht stationär gebunden ist wie Bühne und Film, sondern transportabel: die Operette kommt ins Haus.

DIE TONFILMOPERETTE

Der erste Tonfilm - „The Jazzsinger" mit Al Jolson - war nicht ohne Grund ein Gesangsfilm.

Man nutzte die Segnungen und Möglichkeiten des photographierten Tones von Anfang an vornehmlich für die lange entbehrten Gefühlswerte der Musik und des menschlichen Gesanges, die der Tonfilm Ende der zwanziger Jahre in das bewegte Bild einbrachte.

Es war die eigentliche Stunde des Sänger- und Musikfilmes.
Wieder bot sich die Operette - vor der exclusiveren, weniger populären Oper - dem neuausgestatteten Medium bevorzugt an. Der berühmte Gesangsvirtuose, die große Primadonna,die tanzbegabte Soubrette,der komische Artist,verdrängten die Filmdiven und die augenrollenden Stummfilmliebhaber. Nach dem ersten Tonfilmschock war ein Leichenfeld stimmlich ungeeigneter Leinwandheroen zurückgeblieben. Mit den versierten Sprechschauspielern betraten nun berühmte Stimmkünstler der Met, die Komikergarde und die Stars der Music-Halls und Vaudevilles die Studios von Hollywood und ihre europäischen Entsprechungen, die Filmstädte von Neubabelsberg und Geiselgasteig. Man vergaß mangelnde körperliche Vorzüge, wenn die Stimmbandqualität nur die Vorzüge des neuen Vehikels Tonfilm laut priesen. Timbre und Volumen des hohen C ließen die Herzen der Zuschauer, die nun auch Zuhörer geworden waren, höher schlagen. Die schauspielerische Unbeholfenheit eines Benjamino Gigli wurde in Kauf genommen und die hohen Kopftöne einer Erna Sack machten vergessen, daß sie keine Greta Garbo war. Außerdem mußte die Schnitt- und Montagetechnik des Filmes manche Unzulänglichkeit kaschieren.

Aber dann waren sie bald da, die Sängerinnen mit Sex-appeal und Körperreizen, die spielgewandten Tenöre, die munteren koketten Liebhaberinnen. Das herzenbrechende Ensemble mit der flotten Attitude: Kiepura, Heesters, Söhnker, Chevalier und Nelson Edy, die Eggerth, Alpar, die Jeanette Macdonald und wie sie alle hießen. Und mit Leo Slezak war ja längst der einst strahlend blonde Siegfried der Opernbühne als nunmehr korpulenter Komiker von vielen Graden und unendlichem Humor von der Leinwand entdeckt worden und stand mit Heurigenlied und munteren Späßen in hohem Ansehen. Natürlich gab es gewaltige Anfangsschwierigkeiten. Da der Vorfabrikationsprozeß der Musik, das „playback" noch nicht erfunden war, mußte der musikalische Part gleichzeitig mit der Spielszene aufgenommen werden. Das bedeutete, daß die Begleitung, ja das ganze Orchester sich im Studio befand und bei jeder Wiederholung der Einstellung neu in Aktion trat. Das ergab akustische Probleme, räumliche Probleme, Bewegungsbeschränkungen von Sängern, Chor und Statisterie und nicht zuletzt, aber am Ende, Schnittprobleme. Da die ersten Tonapparaturen und Tonkameras übermäßig gewaltig und immobil waren, blieb die Tonfilmoperette anfänglich ateliergebunden und durfte sich höchstens auf das nahegelegene Studiogelände hinauswagen. Der photographierte Lichtton besaß noch nicht die Qualität des späteren Magnettones und manche Tonaufnahme war in ihrer akustischen Wiedergabe fragwürdig.

Aber bald hatte der Tonfilm seine Kinderkrankheiten überwunden und Lubitsch konnte mit der „Lustigen Witwe" ein erstes Meisterwerk, einen frühen Klassiker der Tonfilmoperette schaffen.

Der wichtigste Fortschritt bei der Renaissance der Operette im Tonfilm war, daß das oft nach primitiven Schablonen konstruierte Libretto zum geschickten Drehbuch wurde. Die Motivationen der einzelnen Handlungselemente wurden diffiziler, die Intrigen glaubwürdiger aufbereitet, der rasche Schauplatzwechsel gestattete plausiblere Erklärungen für bislang unverständliche Verwirrungen und deren Auflösung, das steife Szenengefüge mit den unvermittelten Auftritten und Abgängen der Bühnenoperette wurde geschmeidiger, die Charaktere konnten aus sichtbar gemachten Situationen überzeugender gestaltet werden. Das herkömmliche System der starren Nummernfolge wurde zerbrochen oder elastischer gehandhabt. Der oft belächelte plötzlich eintretende Sing-Zwang der Figuren fand in filmisch geschaffenen Gelegenheiten natürlichere Begründung u.a.m. -

So folgte in den dreißiger und vierziger Jahren im In- und Ausland eine Hausse von Tonfilmoperetten in Schwarz/weiß. Die verfilmte Operette wurde ein eigenständiges Genre - wie es viele Beispiele des damaligen UFA-Filmes beweisen. Sie bedurften nicht der krampfhaften Stoffsuche eines Dramaturgen, man konnte im Operettenführer nachschlagen, den Beliebtheitsgrad dieses oder jenes Werkes im Jahresbericht des Bühnenvereines auf den ersten Blick feststellen. Aber die originäre, für den Tonfilm eigens geschriebene und seine Gesetzlichkeiten a priori berücksichtigende Operette (wie das „Frauenparadies" u.a.), die nicht primär für die Bühne konzipiert war, hat bisher keinen Chronisten gefunden. Sie fiel unter den unspezifischen Begriff Musik- oder Revuefilm. Ihre filmdramaturgische und szenische Stilistik blieben bislang nicht untersucht. Sie wurde auch nicht von der Musikgeschichte der Operette als zumindest interessante Abart einer Betrachtung wert gefunden. Auch da nicht, wo aus einer ursprünglichen Filmoperette eine Bühnenoperette wurde („Der Kongreß tanzt", „Zwei Herzen im Dreivierteltakt" etc.)

In einem Gesangsfilm spielte ganz selbstverständlich oft ein Sänger einen Sänger und sein Sängerschicksal. Der sogenannte „Aufstiegsfilm" erzählte die Geschichte einer künstlerischen Karriere, ihre schwierigen Anfänge, Rückschläge, Mißerfolge und schließlich den Durchbruch (oder Zusammenbruch), eben die Stationen eines wechselvollen Lebens- und Tagesablaufes. Dies brachte, dramaturgisch durchaus motiviert, auch die Operettenszene als Bühnenprobe oder glanzvolle Theaterpremiere in die filmische Handlung ein. Diese „Theater-im-Film"-Szenen wurden, ob vor oder hinter den Kulissen, dankbare Schaubilder. Die filmische Darbietung von operettenhaften Bühnenausschnitten blieben aber nicht nur Einschübe, sondern wurden zu entscheidenden „major scenes", zu Schlüsselszenen. In Willi Forsts „Operette" war die Operette selbst die eigentliche Hauptfigur, der Film ein Digest aus Fragmenten der Wiener Operettenklassik. Mein Film „Leichte Muse" gab ebenfalls einen Abriß der Berliner Operettengeschichte um die Jahrhundertwende bis zum 1.Weltkrieg.

Und so war die Filmoperette bald erfüllt von Straußschen Walzerdelirien, Offenbachs Cancanräuschen, Millöckerschen Polkaseligkeiten und zu diesen Veitstänzen der Gesellschaftsoperette gesellten sich von jenseits des Atlantik Charleston- und Black-Bottomekstasen und aus good old europe kam das reiche Tanzrepertoire nationaler Folklore hinzu. Und nicht zu vergessen: die Maschinengewehrsalven der Stepschritte militanter Girltruppen. -

Auch in der Tonfilmoperette sehen wir zwei scheinbar gegenläufige Entwicklungen. Die Hinwendung zum großen Revuefilm mit Ausstattungssuperlativen und zur intimen musikalischen Komödie für den singenden Boulevardschauspieler, zur musical comedy, wie sie Ralph Benatzky der deutschen Unterhaltungsbühne mit „Meine Schwester und ich", „Bezauberndes Fräulein" und anderen charmanten Werken geschenkt hat. -

Die nationalsozialistischen Ariergesetze brachten hinsichtlich der Operette die damalige Kulturpolitik in arge Klemmen. Jüdischer Witz, spöttischer Geist, dramatische Geschicklichkeit, szenische Intelligenz und Erfindungsreichtum hatten den jüdischen Einfluß in der Operette bedeutend gemacht. War doch schließlich Johann Strauß - zum Leidwesen der Führung - selbst nichtarisch. Oft genügte nicht die schlichte Unterschlagung verräterischer Autorennamen. Viele Werke mußten umgearbeitet oder gar neugeschrieben werden. Wer vermutet schon, daß der Film „Liebespremiere" aus der musikalischen Komödie „Axel an der Himmelstür" entstanden ist. -

Daß der Tonfilm bereits vorher nicht nur manchen Operetten neue Texte und Handlungen unterlegte, dürfte bekannt sein. Daß aber umgekehrt, manchem dankbaren Libretto eine neue Vertonung auferlegt wurde, ist weniger bekannt. „Der unsterbliche Lump", ein gutes Buch des namhaften Felix Dörmann wurde mit anderer als der Musik Edmund Eyslers zu einem der großen Tonfilmerfolge der Frühzeit. Er erfuhr in den fünfziger Jahren ein Remake.

Der deutsche Unterhaltungsfilm der dreißiger und vierziger Jahre war zweifellos die erste Glanzzeit des Operettenfilmes. Daß er mit dem Hormon „Austrogen" besonders gefüttert war, ist bei der Wiener Herkunft des Genres nicht verwunderlich. Daß er während des Krieges durch seine Personalbesetzungen starke ungarische, slawische,skandinavische oder niederländische Akzente bekam,gab ihm erwünschte europäische Reflexe und den Anschein bescheidener Internationalität. Dies hatte den Vorteil, ihn aus der Schußlinie politischer Propaganda zu bringen - soweit dies damals möglich war.

Auch hier kann man übrigens das gleiche feststellen, was bereits zur Bühnenoperette im Dritten Reich gesagt wurde: Die Tonfilmoperette jener Jahre bemühte sich, die schwere Zeit mit der leichten Muse weniger schwer zu machen.

DIE FARBFILMOPERETTE

Obwohl es natürlich nicht ganz genau stimmt, sei es gestattet, den Operettenboom der fünfziger Jahre, der Zeit des Wirtschaftswunders, mit dem Begriff der Farbfilmoperette gleichzusetzen.

Wie durch die Drehung eines Kaleidoskopes wandelte sich das Bild der Operette im expandierenden Farbfilm abermals, setzte sich zu einem neuen Muster zusammen. Aber dieser Gestaltwandel, den die Operette im Farbfilm der Nachkriegszeit erfuhr, lag nicht ausschließlich in der neuen Dimension der Farbe begründet. Sicher, das Schwelgen in Technicolor oder Eastman-, Gevaert- und Agfacolor hatte auch filmdramaturgische Rückwirkungen auf die Farbgestaltung der Kostüme, der Innendekorationen. Man sprach sogar von einer geglückten Farbregie. Aber das waren zusätzliche Momente der Ästhetik und des szenischen Geschmackes. Wichtiger war die seit dem Kriege abermals veränderte Optik, mit der das Publikum, das seine größte nationale Katastrophe überstanden hatte und noch einmal davongekommen war, die Operette erlebte.

Wie bereits erwähnt, sank die Bedeutung der Bühnenoperette mit der Währungsreform und dem Wiedererstehen einer deutschen Filmindustrie jäh ab. Man darf nicht vergessen, daß das Nachkriegstheater - nach jahrelanger Pause - eben erst wieder aus den Trümmern entstanden - noch geraume Zeit auf Behelfsbühnen, in Notquartieren und auf improvisierten Spielstätten nach Formen des „armen Theaters" suchen mußte; eine szenische Bescheidung, die ihren eigenen Stil aus den zeitbedingten Materialnöten und Engpässen zog, der jedoch bei der ausstattungsbedürftigen Operette dem durch Auslandsfilme geweckten Anspruch nicht gerecht werden konnte. So gewann die neue farbige Filmoperette besondere Beachtung. Das große Interesse verdankte sie jedoch noch weiteren Aspekten.

War die Operette im Bombenhagel der Kriegsjahre eifrig konsumiertes Objekt des Zeitfluchtwillens, ein Exilbereich vor der Drangsal des Kriegsalltages, ersehnte Ablenkung und zugeteilte Zerstreuung, so wurde nun ihr „farbiger Abglanz" (Goethe) zum kontemplativen und kulinarischen Genuß des satten Wirtschaftswunderbürgers. Er gab sich dem beschaulichen Anblick einer romantisch verklärten Vergangenheit hin. Hier konnte er sich von dem hektischen Leistungsstreß des Wiederaufbaus erholen. Die Operette, die ich einmal als Märchen im Alltag bezeichnet habe, war nun für einige Jahre das Märchen des Neonbiedermeier, des schnell opulent und korpulent werdenden Normalverbrauchers.

Denn wie der Mensch der nach-napoleonischen Kriege war der Mensch dieser Nachkriegszeit stark gefühlsbetont, sentimental, romantisch, trotz seiner sonstigen zu Tage tretenden „amerikanischen" Aktivitäten. Die Operette war ein Brot der frühen Jahre. Sie zeigte ihm in der Rückschau ein gesellschaftliches Panorama, dessen kommunikative Beziehungen trotz aller operettenhaften Konflikte noch intakt waren, sie gab dem Fernweh mit exotischen Schauplätzen Nahrung in einer Zeit, da die Grenzen noch nicht wieder weit geöffnet waren, und sie erweckte schließlich, dank ihren vom Volkstheater herkommenden ländlichen Lokationen, Sehnsüchte nach unversehrter Natur, die für den Bewohner versteppter großstädtischer Ruinenlandschaften Wunschträume waren. Die Filmwissenschaftler haben den Bauernfilm, den Blut-und-Boden-Film mit dem Operettenfilm in den gemeinsamen Topf „Heimatfilm" geworfen und dem nebulosen Schwammwort Schnulze beigeordnet. Ein erschreckendes Beispiel irregeleiteter Filmsoziologie. Die Spielwelt der heiteren Musikdramatik, die von der Oper herkommt, ist trotz „Schwarzwaldmädel", „Vogelhändler" und „Försterchristel" alles andere als ein Heimatfilm.

Soweit die gefühlsmäßige Einstimmung des Nachkriegsmenschen auf die Operette. Nachdem aber die Sensation des *Ton*filmes zur Selbstverständlichkeit geworden war, erregte der Sänger als künstlerisches Phänomen bei dem Zuschauer keine besondere Neugier mehr. Perfekte Qualität der Musik und des Gesanges setzte man voraus. Der Kinobesucher aber erwartete neben dem musikalischen Genuß Spannung, Handlung, Aktion. Dem Neonbürger war die bekannte Operettenfabel zu bürgerlich gemächlich, zu brav, zu wenig erregend. Der Held und die Heldin sollten dramatischeren Belastungen ausgesetzt sein, schließlich war man einiges gewohnt und hatte selbst vieles erlebt.

Der singende Schauspieler genügte den gesanglichen Ansprüchen zwar nicht mehr, aber die große Röhre wollte man auch nicht im Bilde haben. Sie paßte nicht zu den Action-Szenen. Und zudem: das Bild hatte sich verbreitert, es quoll über das bisherige Standardformat hinaus. Schuld daran war eine lange unterschätzte Gefahr aus dem Äther, die den Film, die 7. Weltmacht, in ihrer Existenz zu bedrohen schien. Schon die überraschend schnelle Ausbreitung des Farbfilms, die oft die finanziellen Möglichkeiten einer Industrie in der Aufbauphase überstieg, hatte ihren Grund in der Angst vor dem Heraufkommen eines neuen Mediums. Im bereits angeschlagenen Hollywood führte diese Furcht zu hysterischen Entschlüssen, wie seinerzeit nach der Erfindung des Tonfilmes. Es reagierte auf die Bedrohung durch den kleinen, bleichen Bildschirm der Television mit Imponiergehabe, Abschreckungs- und Drohgebärden. Wie gewisse Tiere, die sich angegriffen fühlen, blähte der Film sich, sträubte Haare und Federn, spielte mit Schockfarben, vergrößerte sein normales Format. Er suchte den kleinwüchsigen Aggressor durch Größe und Breite einzuschüchtern, kurz, er begegnete seinem Feind mit der anamorphotischen Linse. Dem kleinen Format des Bildschirmes setzte er Breitwand, Wide-screen und Cinemascope entgegen, Ausstattungssuperlative, Aktionsexzesse und Farbperfektion, mit denen, wie man hoffte, die schwarzweiße Mattscheibe nicht konkurrieren könne. Hektisch begann man, an den Filmkameras und den Vorführprojektoren die Objektive und Linsen zu wechseln und manche Produktionsfirma verkaufte ihr Erstgeburtsrecht für ein anamorphotisches Linsengericht. In diesen technologischen Krisentagen wurde die Farbfilmoperette genauer zur Breitwandfarbtonfilmoperette, und allein aus diesem Wortungetüm ermag man die Verwirrung ersehen, die das ganze Genre erfaßte. Verständlich, daß da die Großaufnahme eines Sängers in Cinemascope mit der Ansicht eines flatternden Gaumensegels und technicolorroter Gaumenzäpfchen kein fotogenes Kameraobjekt war. Bei allen Göttern Hollywoods - nein! Diese Umstände führten zu personellen Konsequenzen. Der Schauspieler mußte wieder her, der Sänger konnte zuhause bleiben oder besser, im Tonstudio. Da durfte er seinen Gesangspart mit allen notwendigen Artikulationsgrimassen zur Befriedigung aller Tonmeister und musical-directors absolvieren. Wochen vor dem Drehbeginn. Denn inzwischen war der Magnetton erfunden und schon länger vorher das Playbackverfahren, und so konnte auch der unmusikalischste Schauspieler mit dem Tonbandgerät spazieren, ja schlafen gehen, um die synchronen Mundbewegungen perfekt zu repetieren. Der Sänger gehörte zum Orchester, zum musical-department und hatte mit dem optischen Teil des Filmes nichts mehr zu tun. Er wurde wieder anonym und fand im Vorspann - wenn überhaupt - nur mehr Erwähnung im kleinsten Schriftgrad.

Die Teilung der Aufgabenbereiche, die sich in der Stummfilmoperette, vor allem aber in der Funkoperette angekündigt hatte, war nun endgültig vollzogen. Der Schauspieler agierte, ritt, kämpfte, liebte nun virtuos mit der geliehenen Gesangsstimme. Ein Mario Lanza blieb die Ausnahme, die die Regel bestätigt. Die Akteure der Farbfilmoperette waren Schauspieler, Sensationsdarsteller, Filmstars, - ihr Tenor, Bariton, Bass, Sopran und Alt kam im Schnürsenkelformat von der Tonspule. Die Playbackapparatur spielte sie ihnen in der Prärie, auf hoher See, in Gebirgsschluchten und auf Bergeshöhen bereitwillig, jederzeit in erster Qualität zu. Sie brauchten nur den Mund richtig auf- und zu zumachen. Die notwendig gewordenen szenischen und dramaturgischen Veränderungen machten die Handlungen der Operetten zu spannenden Stories. Die Remakes dieser weltbekannten, meist klassischen Operettenwerke hatten nun mehr wenig mit den vorhergegangenen Verfilmungen und noch weniger mit ihren Urbildern zu tun. Man hat oft das amerikanische Musical gegenüber der europäischen vergreisten Kunstform Operette über Gebühr gepriesen. Wenn man ehrlich ist, muß man zugeben, daß die letzte Metamorphose der Operette im Farbfilm das Genre weitgehend zum Musical umgestaltet hat. Hier wurde das alte Kleid der Operette endgültig abgestreift und ihre erstarrten Strukturen waren nicht mehr arthritisch, sondern gelenkig wie in ihrer Jugend Maienzeit. Die Operette war nie so operettenfern und so musicalnah wie bei ihrer letzten Wiedergeburt.

Das war aber auch ihre Crux und ihr latenter Widerspruch. Die Farbfilmoperette war umso besser, je weniger sie von Operette und je mehr sie von Film hatte. Aber dieses Dilemma machte sie aufregender - und amüsanter.

So kam die Zigeunerbaron-Story zu aktuellen Bezügen als politisches Intrigenspiel am Eisernen Vorhang zwischen den habsburgischen Wehrdörfern und der Türkei; Menschen- und Kaffeeschmuggel, Grenzscharmützel und viele Zwischenfälle machten aus dem bekannten Operettenplot einen Abenteuerfilm mit kräftigen Anspielungen auf das geteilte Nachkriegsdeutschland.

So wurde die „Försterchristel" aus der dörflichen Kalendergeschichte um den Volkskaiser Joseph II. zu einer spannenden Revolutionsgeschichte, die kurz nach dem ungarischen Aufstand 1848 zur Zeit des jungen Franz Joseph mit magyarischen Offiziersrebellen spielte. . .

Im „Letzten Walzer" ging es um das Emigrantenschicksal zaristischer Russen im Pariser Exil der zwanziger Jahre, - der „Vogelhändler" wurde im wahrsten Sinne eine Freilichtoperette mit mondänen Festlichkeiten und galanten Flirts, nachdem die Handlung aus dem steifen Barock der Churpfalz des 18. Jahrhunderts in die operettenfreundlichere Spätromantik des 19. Jahrhunderts transponiert war.

Aus dem unsäglichen Plot des „Zarewitsch" wurde gar der Narkosetraum einer kleinen, unglücklich in den Tenor verliebten Tänzerin, die bei einer Zarewitschvorstellung verunglückt und das fatale Operettenschicksal als Projektion ihrer eigenen Wunschvorstellung weiterträumt, wobei die „Verzichtoperette" schließlich zu einem Happyend gelangt.

Der Film „Eine Frau, die weiß, was sie will" verlor vollends den Charakter eines Boulevardstückes, das der Bühnenfassung eigen ist, wandelte sich zu einer phantasievollen surrealistischen Musikkomödie. Mit vielfältigen Farb- und Kameratricks, grotesken Traumvisionen vollzog der aus alten Kleiderstoffen entsteigende Geist einer verstorbenen, frivolen demimondänen Großmutter die pikante education sentimentale ihrer spinösen, prüden Nichte, einem späten Mädchen von Schullehrerin zu einem genuß- und erfolgreichen Leben und Lieben.

Wenn es früher allein schon aus beleuchtungstechnischen Gründen notwendig war, die Innenräume kunst- und zeitgerecht im Atelier zu erstellen, wobei der übliche Filmrealismus nur in beschränktem Maße eine künstlerische Stilisierung gestattete (R. Herlth, „Försterchristel"), so war unter den neugegebenen Umständen künstliche Natur, gebaut oder gemalt, im Studio oder auf dem Gelände, höchstens für Nachaufnahmen oder kleine Szenenkomplexe zugelassen. Nicht nur das Fernweh des Zuschauers, sondern auch der Authentitätswille der Filmschaffenden trieb die Filmteams zu Außenaufnahmen, möglichst an Ort und Stelle. . . So zog der Vogelhändler tatsächlich über die Weinstraße nach der fürstlichen Residenz in Schwetzingen und hauste an der alten Großglocknerstraße. Barinkay kehrte in seine Heimat, die (inzwischen jugoslawische) Woywodina zurück, der Zarewitsch erlebte Verbannung und Exil in Montenegro und an der Adriaküste, u.ä.m.

Die Operette als out-door-Produktion gab dem Zuschauer mehr als einen Reiseprospektersatz und die Schönheit des Landschaftsfilmes. Sie wurde recht eigentlich entscheidend für den äußeren und inneren Erfolg des neuen Genres. Die Bühnenoperette war immer pseudorealistisch und eher kunstgewerblich in ihrem dekorativen Angebot als illusionistisch. Scheinnaturalismus, d.h. konventionelle Theaterillusion und Stilbühnenvereinfachungen waren ihre dekorativen Wirkungsmittel.Die Revuebühnen – ohnedies nicht besonders realitätsbeflissen – war nur ambitionierter bei der Wahl ihrer Ausstatter. Ihre schöpferische Kraft verlegten diese mehr auf geschmäcklerisches Spieldosenambiente, tricktechnische Verwandlungskünste und Bühnenmaschinerien.

Aber bei aller Pseudo- und Talmirealistik hatte die gute alte Operette gesellschaftliche Wurzeln im damaligen Zeitgeist. Der war nun verloren, sie schwebte ohne Boden im luftleeren Raum, atmosphärelos in einer Puppenwelt, fern von allen realen Bezügen. Die in die Natur abgewanderte Farbfilmoperette bekam neue Wurzeln für ihre nationalen oder ausländischen Schauplätze. Sie erhielt ein authentisches Milieu, echte Atemluft, kräftigen Humusboden. Die Berge und die Wolken, die Pußta und das ländliche Gebreite, das südliche Meer, die Burgen und Paläste. . . kurz die verlogene unechte oder kunstgewerblich verniedlichte Operettendekoration wurde echt, Unwahrscheinliches wahrscheinlich, Fragwürdiges glaubhaft.

Der abermalige Erfolg der Operette, diesmal im Farbfilm, geht nicht zuletzt auf die atmosphärische Echtheit ihres jeweiligen Milieus zurück, in dem sie nun nicht den Anspruch naturalistischer Welt- und Umweltgestaltung erhebt, sondern im Gegenteil ihre spielerische und verspielte Lebensreflexion überzeugend und lächelnd demonstrieren kann. Der Vorwurf, man mache die Operette im Film durch die Ansiedelung in der Natur naturalistisch, zerstöre damit ihre köstliche Irrationalität durch Vernünftelei, Logik und rationalistische Motivation war reiner Unfug. Ihre Spielwelt blieb genau so irreal wie der literarische Naturalismus in einer noch so naturechten Bühnendekoration theatralisch bleibt; oder wie eine Oper („Freischütz", „Tiefland", „Der fliegende Holländer"), mit filmischen Mitteln in der Natur realisiert, verfilmte Oper oder Opernfilm bleibt und seine kunstästhetische Qualität keinesfalls verliert. -

Die musikdramaturgischen Konsequenzen dieser wesentlichen Veränderungen mußten gravierend sein. Es wurde nicht mehr gesungen, wenn die Regeldetri oder der konstruktive Bau des Operettenschemas es erforderte. Sondern nur dann, wenn ein Mensch Veranlassung hatte sich singend zu äußern: bei einer Darbietung vor anderen, einem Gesangsvortrag, mit einem Trällerlied im Wald und auf der Heide, bei der Morgentoilette, bei Arbeitsvorgängen, bei einem Morgenständchen und einer Abendserenade zu Ehren der Liebsten, kurz immer dann, wenn sich Gesang als natürlicher menschlicher Emotionsausdruck auswies. Bei Spottliedern, gelegentlich bei Scherzduetten mit wechselnden Repliken und ähnlichen Gelegenheiten mehr.

Auch diese Beschränkung entstand nicht etwa aus einem irregeleiteten Bemühen um naturalistischen Wirklichkeitsanspruch, sondern hatte tiefere Gründe. Die Auffassung der Filmästhetik hatte sich damals grundlegend geändert. Man sah im Film nicht mehr eine dramatische sondern eine epische Kategorie. Film wurde als Bildererzählung verstanden - unabhängig von ihrer spannenden oder erregenden Wirkung. Die Musikdramaturgie schloß sich dieser Erkenntnis an. So wurden folgerichtig alle betrachtenden Musiknummern zu „inneren Monologen", zu Gedankenmusik, die sozusagen aus dem Kopf der Figur kam, nicht aus ihrem Kehlkopf. Der nachdenkliche oder gespannte Ausdruck des stummen Antlitzes während des Gesanges war expressiver als jede tonartikulierende Schauspielermimik. Selbst bei leidenschaftlichen Liebesduetten erklang die vocale Inbrunst aus höheren Sphären und das Liebespaar konnte sich nun kühneren und körperlicheren Bezeugungen seiner Sinnenlust zuwenden, ohne Gefahr zu laufen, die innige Vereinigung durch unerwünschten aber gesangsbedingten Austausch des Speichelflusses zu stören. Auch bei einem Großteil der Chorszenen wurde nicht von ausländischen oder laienhaften Statisten ein Chorgesang gemimt. Viele Chorsätze waren in erster Linie Stimmungsgesänge, die die Atmosphäre ungeheuer verdichteten, wenn sie über weite Landschaftspanoramen oder Naturpassagen erklangen. Dramatische Chorszenen ließen sich höchst lebendig inszenieren ohne Rücksicht auf Choristenmünder. Ein abwechslungsreiches Gruppengeschehen konnte jeden Chorsatz situationsgerecht füllen. Große Teile des durch Handlungsverlagerung oder Personenreduktion nicht verwendeten Musikgutes wurde zu sinfonischen (epischen!) Komplexen zusammengefaßt, zur Untermalung von Handlungssequenzen oder zu Leitmotiven der postsynchronen Backgroundmusik. Eine Fülle reizender musikalischer Einfälle, die in der dichten Handlung keinen Platz mehr fanden, ergaben vortreffliche Suiten, die für die großen Tanzszenen oft musikdramaturgisch entscheidender fungierten, als die faden, meist lustlos komponierten originalen Balletteinlagen. Diese Choreographien sprengten nicht selten die reale Situation der Tanzgelegenheit und -veranlassung und führten dann in abstrakte filmische Räume. Sie waren integrierte Bestandteile des szenischen Geschehens. -

Es kann hier nur in großen Zügen angedeutet werden, wie entscheidend sich die musikalische Dramaturgie formal bei der weitgehenden Umgestaltung der Kunstform im vorerst letzten Unterhaltungsmedium betätigte. Der Einwand, daß durch diese einschneidenden Transformationen die musikalischen Werte und Gewichte verschleudert wurden, ist unsinnig. Sie wurden nur anders im Werk disponiert, mit anderen, aber ebenso wichtigen Funktionen beauftragt. Als große stereophonische, instrumentale und vocale Klangkulisse war ihre Wirkung sogar eindrücklicher, denn als banaler Gesang aus Menschenmündern.

Die ersten Anfänge der Stereophonie bereicherten ihre akustischen Möglichkeiten enorm. Die rasant fortschreitende Tontechnik, das Aufnahme- und Einspielsystem mit vielen Kanälen und steigender Anzahl von Tonspuren machte das Tonstudio zur Alchimistenküche, in der Töne und Klänge tausendfach manipuliert wurden. Hier ließ man sich bei einem Sopran den hohen Ton von einer anderen „einsingen", ein grelles Organ wurde gedämpft, ein schwaches verstärkt, da vervielfältigte man eine Stimme zum Chor, dort sang sie mit sich selbst Duett, dann schuf eine Hallplatte die Illusion von Raum und Perspektive, man multiplizierte ein Geigensolo zum Streichkonzert - und alles noch ohne die Effekte,mit denen die elektronische Trickkiste wenig später alle Vorstellung von Musikschaffen völlig revolutionieren sollte. -

Der deutsche Operettenfilm errang auch im Ausland besonderen Erfolg. Denn dieses hatte in dem Genre nichts vergleichbares vorzuweisen. (Das amerikanische Musical besaß seinen eigenen Status.) Die Produktion trug dem Umstand Rechnung und stellte ausländische Versionen - vorwiegend französische - her. Wenn heute der in die Jahre gekommene deutsche Jungfilm so stolz auf seine fast ausschließlich ausländischen Erfolge ist, so wiederholte sich nur, was in den fünfziger Jahren der deutschen Farbfilmoperette glückte: die Eroberung z.B. der Champs Elysées und ihrer Kinopaläste mit „Le baron tsigane" und „Le Tsarewitch", Erfolge, die sich in Südamerika, Sowjetrußland und sogar im Rotchina jener Jahre fortsetzten.

Bei einer solchen Totalentfaltung aller künstlerischen, technischen und szenischen Mittel und ihren Erfolgen mußte der plötzliche Ruin der Filmoperette überraschen. Er hatte seine Gründe.

Die Operette bestand viele Kriege und Niederlagen recht siegreich. In Paris erhob sie sich 1871 trotz Sedan, in Deutschland und Österreich 1918 trotz Versailles und Trianon unverhältnismäßig rasch aus dem Elend der Kriegsläufte und den gesellschaftlichen Veränderungen des Zusammenbruchs. Börsenkräche und Inflationen konnten ihr nicht allzuviel anhaben. Im zerschlagenen Großdeutschland hatte sie nach der Katastrophe 1945 sogar heilsorgerische Wirkungsaufgaben. Aber es schien, als sollte sie in einem anderen großen Desaster endgültig unterliegen. Es war die bereits erwähnte Auseinandersetzung zwischen den Medien, bei der es nur einen Sieger geben konnte. Sie wäre für die Operette sicher nicht so gnadenlos verlaufen, wenn sie nicht, zufällig zur selben Zeit, mit einer anderen revolutionären Bewegung ausgetragen worden wäre.

Das neue Medium Fernsehen war gegen die Weltmacht Film angetreten, die Elektronik gegen die biedere Mechanik, die Strahlentechnik gegen das Rad (ein Film wird „gedreht", das Fernsehen strahlt aus!). Die Operette, die gerade im Farbfilm einen Höhepunkt aktueller Präsenz erreicht hatte, geriet in das Schußfeld des Medienkrieges. Der Film erlag trotz Cinemascope und verzweifelten Versuchen, durch Stereophonie die Raumdimension zu gewinnen. Man schleifte die stolzen Lichtspielpaläste und errichtete auf ihren Trümmern Kegelbahnen und Supermärkte. Die Filmateliers wurden zu Fernsehstudios. Damit verlor die Operette die Basis ihrer breiten Wirkung. Als Reduit verblieben ihr die Spielpläne der Provinzbühnen. Aber selbst berühmte Theater, die sich Staatsoperette nennen durften, wollten ihren Namen beschämt in Komische Oper ändern.

Dieser Zusammenbruch hatte jedoch nicht allein seinen Grund im Medienkrieg. In allen Ländern war - wir sagten es bereits - ein erbitterter Bürgerkrieg ausgebrochen, wenn man will, ein westlicher Kulturkampf. Es war die größte ideologische Auseinandersetzung seit den Arbeitskämpfen des vergangenen Jahrhunderts. Es ging um Gesellschaftsveränderung und die Frontlinie lief quer durch alle Klassen und Stände. Es war kein Klassenkampf zwischen arm und reich, Adel und Bürgertum, Bürgertum und Proletariat, kein Rassenkampf zwischen schwarz und weiß, zwischen privilegierten und unprivilegierten Schichten.

Es ging schlicht zwischen jung und alt. Aber es war mehr als der übliche Vater/Sohnkonflikt, der ewige Zusammenstoß der Generationen. Es war eine Begegnung der anderen, besonderen Art. Der Kampf einer aufmüpfigen Protestjugend gegen die pragmatische Angepaßtheit an soziale und ökonomische Gegebenheiten.

Die soziologische Maxime gegen das arrivierte Establishment.

Die Schlachtrufe waren auf beiden Seiten - wie alle Fahnenworte und Spruchbänder - meist etwas töricht. Der Devise „Trau keinem über dreißig" entgegnete man mit der „Revolte der Langhaarigen", die Apo beschimpfte den Opa, den man aufforderte, nach Hause zu gehen, der angebliche Greis sprach von Pintschern, Chaoten und Radikalinskis u.s.w.

Die arme Operette sah sich jählings zur Domäne der Gestrigen herabgewürdigt und wer sie mochte, galt als „unheimlich" vergreist.

Auf der Drehbühne einer schnellebigen Zeit hatte sich die Operette um 180 Grad gedreht. War sie zur Zeit ihrer Blüte ein Theater vorwiegend der lebensfrohen Jugend gewesen, ein Theater der Leute die jung waren - oder es sein wollten -, wurde sie von Fahnenjunkern und Lebegreisen, von Gigerln und Farbstudenten, von Portokassenjünglingen und Banklehrlingen, Hausherrnsöhnen und Gesellen, von Ladenmädchen und Lehrmädchen, von Offizieren und Referendaren, von Höheren Töchtern frequentiert, so schien es jetzt, als wäre ihr Besuch nur mit dem Rollstuhl erlaubt. Die Jugend aller Volksschichten und Gesellschaftskreise stellte einst die Habitués des begeisterungsfähigen Operettenpublikums auf den Galerien, den „Heuböden" und in den Stehparterren dar, die ihren Lieblingen die Pferde ausspannten und ihnen zu Ehren Fackelzüge veranstalteten. Nun war die Operette zum Museum hoffnungsloser Opas und Omas geworden. Die restlichen Kinos verödeten, die Filmoperette verschwand von der Leinwand, gleichzeitig mit dem Publikum aus den Lichtspieltheatern. Denn auch der Funktionswandel des Massenmediums Film war total. Es wurde zum Medium einer elitären Minderheit. Die Menschenschlangen vor den Kinokassen waren weggeschwemmt von neuen und wieder neuen Wellen der intellektuellen Cineastik. In das „andere Kino" des neuen Films schlichen sich nun die bleichen jungen bebrillten Schriftgelehrten einer resonanzlosen Filmszene, die Adepten einer Filmemacherzunft, die in leeren Kinosälen einsamen Lastern der Selbstverzückung fröhnten und den rätselhaften Hieroglyphen ihrer Selbstverwirklichung mit verglasten Augen folgten. -

Unversöhnlich stand eine rebellische Jugend einem Alter gegenüber, das gerade die wirtschaftliche Basis seiner Existenz - allzu erfolgreich - erneuert hatte. Daß sie sich in Haartracht und Kleidung unterschieden, war nur natürlich - das ist nun mal in Revolutionen so. Es gab keine Verständigung zwischen den gereizten Kontrahenten. Denn sie sprachen verschiedene Sprachen. Wie beim Turmbau von Babel erstickte eine Sprachverwirrung jeden Versuch einer Kommunikation. Die Jugend hatte ihren eigenen Wortschatz, eine eigene Syntax und Grammatik entwickelt, die von der anderen Seite nicht begriffen wurde. Da war das brutale Argot einer ordinären Umgangssprache, wie die sperrige Kunstsprache eines intellektuellen Seminarjargons.

Wenn es jedoch nur die Sprache gewesen wäre. Wie verhielt es sich mit dem besten zwischenmenschlichen Verständigungsmittel, mit der Musik? Sie war 1914/18 über Schützengräben und Stacheldrähte hinweggezogen und vereinte Freund und Gegner in der Melodie des letzten Operettenerfolges; 1940 haben sich die

Frontkämpfer aller Nationen an der Laterne vor dem dunklen Tor getroffen. In dieser Kulturrevolution aber war nicht nur die Sprache der Worte zur Kommunikation untauglich geworden, sondern auch die Sprache der Musik. Hier hatte sich die revoltierende Jugend längst selbst unverständlich gemacht. Mit höchsten Phon- und Dezibelgraden entbrannte eine Musik, die jeden Dialog, jede Debatte verhinderte. Die Disco war der Mörder jeder Diskussion. Die Geschichte der Musikinstrumente schreibt auch Zeitkritik. So ist der elektrische Verstärker, der Lautsprecher mehr als ein Symbol, ein pars pro toto. Der Klang der Streicher mußte dem Trommelfeuer der Perkussionsinstrumente weichen, und stellten sich einst beim Ertönen des „süaßen Hölzl's", der Klarinette, förmliche Publikumsorgasmen ein, so tat bezeichnenderweise dies jetzt eine dirty trumpet, eine schmutzige Trompete. Die musikalische Lautmalerei, das spöttische bing, bing und balaboum Offenbachs, das zärtliche Dui-du der Fledermaus wurde nun zum zungenbrechenden blubedilibu, das der Popsänger ins Mikrophon röhrte.

Aber da gibt es ja noch ein drittes Verständigungsmittel der Menschen: den Gruppen- und Gesellschaftstanz, der ja nicht immer national gebunden sein muß. Doch auch hier trennte die zerstrittenen Parteien ein mentaler Abgrund. Sehen wir von der frühen Rock'n'Rollzeit ab, bei der der Tänzer seine Partnerin wenigstens noch über die Schulter geworfen und durch seine Beine gezogen hatte, was als eine Form gesellschaftlicher Kommunikation gelten konnte, so hatten die solistischen Verrenkungen und Fitness-Bemühungen des in der Masse vereinsamten Einzelnen schon keine Beziehung mehr zu denen seiner Partnerin, keine Körperberührung und Hautnähe verriet wirkliche erotische oder sexuelle Kontakte. Was sich in den Discotheken an Massenwahn tat, war im Zeichen der sexuellen Revolution eine kollektive Selbstbefriedigung.

Auch von diesem Leibessport führte kein Weg zu einer rauschhaften Verbrüderung, zum Austollen eines gemeinsamen Lebensgefühles, wie es die Gallopaden, die Cancanaden, die Drehdelirien des Walzers darstellten. Mit Beat und Hot, mit Soul und Jazz, mit Pop und Op war auch ein neues tänzerisches Weltgefühl in die Tanzschuppen eingezogen, das eine Rückkehr zu demonstrativen Gemeinschaftsbezeugungen nicht mehr zu gestatten schien. Gab es etwas musealeres als den Dreivierteltakt? In heftigeren Rhythmen exzedierte eine illusionslose Jugend. Und von der Melodei war sie wirklich etwas frei geworden.

War die Operette endgültig passé?

Wurde ihr von einer langhaarigen Jugend in Jeans statt von einer pudelsauberen Raimundschen Therese Krones das finale Abschiedslied gesungen: „Brüderlein fein, einmal muß geschieden sein. ." oder erklang für sie das hohle Lied des Aschenmannes: „An Aschn, an Aschn. . .?

Sollte sich der bunte Vogel Phönix nicht mehr aus seiner Asche erheben? Willi Forst sagte, als seinen Filmen in den fünfziger Jahren der Erfolg versagt blieb, wehmütig: „Mein Stil hat Pause."

Es war schlimmer. Der Film hatte Pause.

Und wurde nun - wie der alte Opa - die Oma Operette brüsk nach Hause geschickt? Um dort für immer in Frieden zu ruhen?

Wir wollen sehen.

DIE FERNSEHOPERETTE

Man schickte die Operette nach Hause. Sie ließ sich dies nicht zweimal sagen. Wobei sie - listig wie sie von jeher war - die Aufforderung etwas doppelsinnig verstand. Wenn das Publikum nicht mehr zu ihr kommen konnte, dann ging sie eben zum Publikum, dann kam sie eben ins Haus. Akustisch hatte sie sich ohnedies schon längst in den Heimen einquartiert. Zuerst durch die Werkel- (Leierkasten-) Lieder, dann durch die pianistischen Künste der Töchter des Hauses, später durch das Grammophon, das durch die Musiktruhe abgelöst wurde und schließlich durch das Radio. Und jetzt. . .?

Die Operette - nicht umsonst weiblichen Geschlechtes - hatte die Nibelungentreue nicht erfunden. Schon bei Millöcker hieß es: „A bisserl a Liab, a bisserl a Treu' und a bisserl a Falschheit ist a dabei". Opportunistisch veranlagt, war sie immer unter den ersten, die sich vor dem jeweiligen Sieger verneigten. „Er soll dein Herr sein. . ." hatte sie gesungen und meinte den Adel, den Bürgerstand, den Zuschauerraum, den schon Therese Krones für ihre moralischen Verfehlungen auf den Knien um Verzeihung bat. Und der tiefe Knix an der Rampe war eine Demuts- und Unterwerfungsgeste vor der Hoheit des geneigten Publikums.

Resolut stieg sie nun um und wechselte das Vehikel, das sie zum Ort ihrer Triumphe brachte. War es einst der Fiaker oder die eigene „Equipasch", später der Austro-Daimler, so fuhr sie jetzt wie die Hexe im Märchen durch den Äther. Die Mattscheibe brachte sie direkt ins „Kino auf der Kommode", in die Guten Stuben, die Salons und - demokratisch - in die Wohnküchen. Mit dem Fernsehen drang sie auch optisch in die Mietwohnungen, die Eigentumsappartements, die Wohlstandsvillen ein.

Jeder technische Fortschritt ist ein künstlerischer Rückschritt, zumindest zu Beginn. Man hatte es beim Tonfilm erlebt, als er den zur eigenen Kunstform gewordenen Stummfilm ablöste. Man mußte also abermals klein anfangen. Denn das Fernsehen blieb anfänglich mit seinem Tanagratheater eine recht bescheidene Angelegenheit. Schwarz-weiß, richtiger in einem fatalen bläulichen Gespensterlicht mit vielen Grautönen, ewigen Bild- und Tonstörungen, war es zwar eine technische Sensation, die noch in den Windeln lag, aber keine künstlerische Offenbarung. Nichtsdestotrotz nistete sich die Operette in dem neuesten Medium ein. Sie hatte stets gewußt, wo ihre Wirkungsmöglichkeiten und Unterhaltungsaufgaben lagen. Sie hatte auf Sommerbühnen gastiert und auf Freilichttheatern, spielte auf Seebühnen, hatte sich mit Schlittschuhen aufs Eisparkett gewagt, als die Eisrevue zur Operette auf dem Eise wurde. Sie nahm die Herausforderung der Television bedenkenlos an.

Die MAZ, die magnetische Bildaufzeichnung gestattete anfänglich nur Atelierszenik und da das Magnetband nicht oder nur schlecht zu schneiden war, hatten die „Takes" die Länge ganzer Operettenakte von 35 bis 55 Minuten. Diese Zeit mußte unterbrechungslos einstudiert und durchinszeniert werden, mit dem ganzen Apparat von Solisten, Chor, Ballett und der Technik des Schauplatzwechsels. Das erinnerte an Bühnenarbeit, besonders, wenn die Sendung „live" war, ein Begriff des Fernsehens, der die Gleichzeitigkeit der Darbietung mit ihrer Vermittlung an das Publikum bedeutet. Es war der Gegensatz zur Sendung einer Kunstkonserve (Schallplatte, Film, TV-Aufzeichnung), die die Unterhaltungstechnik der Welt beschert hatte. Eine Live-Sendung gestattete keine Korrekturen, Nachaufnahmen, Wiederholungen, wie die Konserve, sie war wieder eine Stunde der Wahrheit, eine Premiere deren Pannen irreparabel waren. Das gab neue Spannung, Lampenfieber, bedeutete Kampf mit einem - noch dazu unsichtbaren - Millionenpublikum, für das die eingeladenen Zuschauer im Studio nur ein geringer Ersatz waren. Der angeordnete Beifall, durch eine Applausplatte verstärkt, deprimierte mehr als er anregte. Da spielte ein Take oft in zwei großen Aufnahmehallen, in denen die Dekorationen ineinandergeschachtelt waren und die Kameras wie Ameisen umherwieselten. Ob live oder Konserve, mußte ein solcher Take im Ablauf mit der Präzision einer vollkommenen Vorstellung vorsichgehen, ohne Improvisation, ohne Versprecher, ohne Gedächtnisschwäche und technischen Patzer. Die mögliche Anzahl von Fehlerquellen führte dazu, daß das Fernsehen bald auf das Playbackverfahren des Tonfilmes zurückgriff. Dekorativ war an einen Filmrealismus nicht zu denken. Die Kulissen der farblosen Fernsehoperette zeigten gemalten Stuck, waren kunstgewerblich graphisch, betont aphoristisch, tricktechnisch mobil, ersetzten durch Stilisierungen, zeichnerischen und malerischen Witz ihren Mangel an illusionärer Realität. Das war wieder der bekannte Stil der vielbildrigen Bühnenoperette. Große Ausstattung verbot sich aus technischen und finanziellen Gründen. Weite Totalen mit viel Personnage begannen auf der Mattscheibe zu verschwimmen und erzielten wenig optischen Effekt. Mit den notwendigen Solisten, mit einem Doppelquartett von Tänzern und Tänzerinnen war der Bildschirm randvoll gefüllt. Durch vier oder mehr Fernsehkameras, die ununterbrochen in Betrieb waren, mußte das szenische Geschehen in filmische Einstellungen aufgelöst und gleichzeitig durch die auswählende Bildmischung zu erregenden Bildfolgen aneinandergereiht oder überblendet werden. Der Fernsehregisseur konnte also in die Sendung durch Umsprung auf eine andere Kamera direkt eingreifen, obwohl bei den heißen Proben die Kameraaufgaben genau verteilt worden waren. Das war neu und eine enorme Nervenbelastung.

Später scheute man die gewaltigen Anstrengungen der Live-Sendungen und reduzierte sie auf besondere Anlässe. Zwar gestattete eine verbesserte MAZ-Technik kürzere Takes, die man schneiden, also wie beim Film in Laborarbeit montieren konnte, ja man wandte sich weitgehend von der teleeigenen MAZ-Aufzeichnung ab und begann filmtechnisch erstellte Produktionen zu bevorzugen. Es war die erste Rache des Films, für die Niederlage, die ihm die Television beigebracht hatte. Später sollte er immer mehr verlorenes Gesicht im neuen Medium zurückgewinnen.

Das Fernsehen blieb ein seltsames Zwischending zwischen Film und Theater. Fernseharbeit ist Bühnenarbeit, Probenarbeit. Die kalten Proben im Saal, die heißen Proben in den Studiodekorationen entsprechen der Bühneneinstudierung. Die Aufnahmetechnik mit wechselnden Kameraeinstellungen ist filmverwandt. Der sofortige Bildschnitt, der hier ungenau Bildmischung heißt, ist spezifisch Television.-

Die Operette erlebte im Unterhaltungsmedium Fernsehen einen Boom, der dem von 1930 im Tonfilm und 1950 im Farbfilm vergleichbar ist. Aber sie trat abermals mediengerecht dem Publikum in neuer Gestalt gegenüber. Es war ihre - vorerst letzte - die symbolträchtige 7. Metamorphose.

Der junge Kurt Wilhelm, einer der ersten Fernsehpioniere auf dem Gebiet der musikalischen Unterhaltung, leitete die Renaissance der Operette auf dem Bildschirm ein. Es waren gewaltige Produktionsprogramme, mit denen er nicht nur die Operettenklassik sondern auch die trivialen Operettenerfolge in das Fernsehen einbrachte. Die großen Vorzüge und Verdienste dieser TV-Inszenierungen waren die Neufassung läppischer und überalteter Liedverse durch ausgezeichnete Chansonautoren und Textdichter. Ferner die geschickte szenische und handlungsmäßige Bearbeitung der Libretti, deren Unlogik, konstruktives Ungeschick, primitive Konflikterfindung und obligate Konfliktlösung oft meisterlich verbessert wurde. Der begabte Opernregisseur, der vom Funk kam und zu spät den Anschluß an den Film fand, dem seine ganze Sehnsucht galt, machte einen verzeihlichen aber großen Fehler, der ihm viel Ärger einbrachte. Er übernahm von der Tonfilmoperette den gesanglich gedoubelten Schauspieler, der gewandt seine Operetten mit der von Operngrößen entliehenen Stimme agieren konnte. Aber was im Kino widerspruchslos zur Kenntnis genommen, ja gefordert war, stieß im Fernsehen auf Protest. Man wetterte gegen die Zerstörung der von Gott geschaffenen Ganzheit des Menschenbildes. (Wie wir wissen, hatte das antike Theater diese Zweiteilung bereits vorgenommen, auf der Bühne wurde sie ebenso praktiziert, wenn z.B. Solweig sehnsüchtig ihr Lied am offenen Fenster sitzend mit den Lippen markierte, während der Gesang nicht zum Fenster hinaus in die Ferne, sondern von der hinter den Kulissen singenden Opernkollegin durch das Fenster in die Stube hineindrang.) Man hatte vergessen, daß sogar Wagners abgefeimter Bühnenzauber drei Ballettdamen kannte, die als Rheintöchter in Flugmaschinen herumgeschaukelt wurden, während die Kammersängerinnen derweil im Orchester ihren gesanglichen Aufgaben als Woglinde, Wellgunde und Floßhilde oblagen.

Dieser Einspruch schoß natürlich weit übers Ziel. Bevor der so hart als unverzeihlich gerügte „Wilhelminismus" vom Schirm verwiesen wurde, hatte ich Gelegenheit in der großen Operettenproduktion, die vom WDR in Wien am Rosenhügel aufgezogen wurde, das fast unbekannt gebliebene Meisterwerk Leo Falls „Die Kaiserin" zu inszenieren und ihm zu dem verdienten großen Erfolg zu verhelfen, der nicht zuletzt auf die vereinfachte und plausible Handlungsführung der Textbearbeitung zurückzuführen war. „Gasparone" inszenierte - aus Termingründen - nach meinem Konzept und unter meiner künstlerischen Oberleitung ein hochbegabter junger Mann, der zu den besten Schauspielregisseuren der späteren Jahrzehnte werden sollte: Hans Hollmann. Dieses Konzept erwähne ich deshalb, weil es der Versuch war, die italienische Spielopernromantik des Mezzogiorno in eine weniger abgegriffene mediterrane Umwelt zu verlegen: in das ägäische Inselarchipel.

Der große Sängerstar kehrte in die Fernsehoperette zurück. Der Grund dafür war publikumspsychologischer Natur und betraf einen bemerkenswerten Punkt der Fernsehästhetik. Auf dem Bildschirm erscheint der Politiker, der Schauspieler, der Ansager und Moderator nicht als der große Zampano, das vergötterte Idol, wie jedes Menschenbild auf der Kinoleinwand. Er kommt ohne magische Aura, ohne die imagesteigernde Werterhöhung, die das Filmbild hervorruft. Er betritt das Heim, er wird zum Gast des Hauses, schlicht und einfach. Er wird nicht fetischisiert, sondern sozusagen privat präsent. Er tritt in die Intimsphäre des Fernsehteilnehmers ein, der ihn ohne Kravatte, in Hausschuhen in der eigenen Alltagswelt empfängt. (Nicht umsonst heißt das Fernsehen Lehnstuhltheater, Pantoffelkino.) Ohne Etikette und Verhaltensformeln wird er zum vertrauten Kumpel am Stehbiertisch und man unterhält sich mit ihm unspektakulär wie mit dem Nachbarn. (Haben Sie schon einmal im Kino angesichts eines Menschen auf der Leinwand an das zwischenmenschliche Götz-Zitat gedacht? Und wie oft tun sie es, wenn Ihnen ein ärgerlicher Langweiler auf dem Bildschirm begegnet?) Und so trat als Gast des Hauses, als Freund der Fernsehfamilie Rudolf Schock im Kostüm des Sandor Barinkay vor den Fernsehstuhl und mit ihm ein Ensemble der ersten Sängergarde. Aber diese schwarzweiße Fernsehinszenierung war zum Fernseh*film* geworden, denn die Sender hatten längst dem medieneigenen Ampex-(Maz-)Verfahren entsagt. Der Zigeunerbaron wanderte aus dem Atelier und seinen gefälligen Dekors aus und ging - wie die Tonfilmoperette - in Gottes freie Natur. Diesmal in die Pußta 100 Kilometer weit von Budapest. Bemerkenswert an dieser aufwendigen Fernseh-Inszenierung war, daß die ganze Operette nach einer bereits fertiggestellten Gesamteinspielung für Hörfunk und Plattenindustrie (musikalische Leitung Robert Stolz) in Szene gesetzt wurde. Dies geschah allerdings mit denselben Sängern, die die Musikaufnahmen bestritten hatten. Nur für die Sprachszenen wurde ein eigenes Dialogbuch erstellt.

Die Authentizität der Schauplätze im Fernsehen wurde durch eine sehr geglückte Inszenierung der „Tänzerin Fanny Elßner" in und um Wien fortgesetzt, die nach erfolgreichen Wiederholungen Jahre später trotz ihrer schwarz-weißen Begnügsamkeit in der Sendereihe „Damals Stadtgespräch" wieder ins TV-Programm kam. Hier wie im „Zigeunerbaron" verzichtete man auf Innenaufnahmen im Studio, begnügte sich mit Ausleuchtung realer Schauplätze. Auch hier folgte das Fernsehen getreu den Usancen des damaligen Kinofilmes, der von Atelierbauten aus ökonomischen wie aus künstlerischen Gründen absah.

Nach dieser fruchtbaren Renaissance der Operette im Fernsehen, die zu Programmabenden von drei bis dreieinhalb Stunden Dauer führte, trat ein jäher Stillstand in der Operettenproduktion der Sender ein, der weder vom Publikum veranlaßt noch durch die ausgebliebene Wirkung auf dem Bildschirm hervorgerufen wurde. Sondern allein durch das Versagen der Institution selbst. Die Produktionen waren zu teuer, zu aufwendig und anstrengend in der Vorbereitung und Herstellung geworden.

Jedenfalls hatte man für alles Geld, nur nicht für die Sendungen. Die Unterhaltungsdilettanten, die von einigen Profis der pleitegegangenen Filmbranche unterbuttert wurden, waren amerikanischen Fachbegriffen äußerst zugänglich, das Wort Show eine Zauberformel der TV-Unterhaltung. Was heißt sorgsame Pflege des Operettengutes, wenn es erst mediengerecht aufbereitet, neu getextet, neu beinhaltet werden mußte. Fort mit der Operette als musikalisches Gesamtkunstwerk, die Show mußte her. Ein Operettendigest war leichter und billiger zu erstellen. Man nehme einen bekannten Star, die ausgesungene Sopranstimme im vielfach gelifteten Gesicht einer beliebten Fernsehentertainerin, verhackstücke die heitere Musikdramatik zu einem Beef tartar, garniere dieses mit einigen Stargästen, serviere das Ganze in gefälligen Dekorationsrudimenten, lasse es mit Trivialtexten und einigen Ansagerwitzchen moderieren und die Show ist fertig. Der Operettenquerschnitt mit einem Fernsehballett, dessen Choreographie nie über die Ansprüche eines Provinztheaters hinausging, kann starten. So eine Show brauchte weniger schöpferische Ideen, szenische Einfälle, weniger Konzeption (nämlich gar keine), statt einem Inszenator genügte ein versierter Bildregisseur, der seine Erfahrungen bei Fußballreportagen gemacht haben konnte, das Resultat: ein Konsumgericht für die anspruchslose Fernsehgemeinde.

Die Musikdramatik der Operette sah sich verwurstet zu einem Quodlibet, einem Potpourri, aber die Verantwortlichen klopften sich gegenseitig auf die Schulter voll Stolz über die fernsehgerechte Form, die man so billig geschaffen habe. In der Begeisterung übersah man, daß nur wieder der Bunte Abend, der Hausfrauennachmittag seine Urständ gefeiert hatte.

Inzwischen hatte das Medium Television den letzten Vorsprung des Filmes eingeholt. Das Fernsehprogramm war zwar nicht farbiger aber bunt geworden. Die leerlaufende Schau-stellerei, die mit geringster geistiger Investition betrieben wurde, hinderte das deutsche Fernsehen,einer Aufgabe nachzukommen, die nur dieses Unterhaltungsmedium hätte erfüllen können und auf die ich in meinem Referat in Berlin 1963 anläßlich der Dramaturgentagung dringlich hinwies: die Schaffung, Förderung und Pflege eines deutschen Musicals. Der planmäßige Aufbau eines geeigneten Ensembles, die Entwicklung spezieller Talente, die Beauftragung von Autoren und Komponisten und vor allem: die Erziehung und Gewöhnung des Publikums an diese reizvolle und zeitgemäße Kunstform. Das war das, wozu sich die Provinztheater mit ihrem durch alle dramatischen Kategorien jagenden, wechselnden Repertoirebetrieb und dank der Struktur ihres „Kulturauftrages" nicht in der Lage sahen. Ebensowenig hatten die paar En-suite-Bühnen der zwei oder drei bundesrepublikanischen Großstädte die Möglichkeit, Modellproduktionen beispielhaft zuwege zu bringen. Die Sender hingegen wären befähigt gewesen, das

Genre zu kreieren und systematisch zu kultivieren. Aber nach wenigen schüchternen Versuchen gab man kleinmütig auf. Statt dessen lief eine Serie der besten Broadwaymusicals aus den Studios von Hollywood. Der Film mußte wiedereinmal einspringen für das eigene Versagen. Das deutsche Musical blieb ungeboren, es erlebte höchstens vorzeitige Abgänge.

Als die Farbe die Schwarz-weiß-Archive der Sender zum mediumhistorischen Museum machte, kehrte die Operette aus der Diaspora zurück. Zwangsläufig mußte eine neue Produktion in Farbe aufgebaut werden. In erster Linie geschah dies vom ZDF. Die kleinen Fernsehzulieferer zogen schludrig bunte Fernsehoperetten vor den geduldigen Kameras ab mit den üblichen provinziellen Operettenunarten und mit allen Anzeichen einer medieneigenen Routine, die Elan durch abgeschlaffte Gebrauchsmuster ersetzte. Diese Wegwerfware diente weder dem Medium noch der Kunstform, weder dem Künstler noch dem Publikum.

Aber da gab es eine bevorzugte Weltfirma - fast einen Multikonzern -, die sich einen Sonderstatus in der Bundesrepublik geschaffen hatte. Die Firma war spezialisiert auf Konzertproduktionen, die das gesamte sinfonische Musikschaffen umfaßte, ausgeführt von den besten Orchestern unter den berühmtesten Dirigenten. Die Firma stellte in der internationalen Television eine Weltmacht dar.

Dieses Unternehmen - Beta - begann sich für die Operette zu interessieren. Es war in der Lage, sie mit größtem Etat zu produzieren, teurer jedenfalls als ZDF und ORF (Österreich) dafür bezahlen konnten. Das Defizit war mit den Sendestunden anderer firmeneigener Programmpakete leicht auszugleichen. Man hatte zudem ein gewisses Operettenmonopol, weil rechtzeitig die Lizenz für einen gewaltigen Stock von Welterfolgswerken en bloc erworben war.

Die Firma investierte Geld, Kultur und Geschmack und ihre Beziehungen zu der ganzen Musikwelt in die neue Kunstgattung. Allerdings mußte auch sie erst lernen, was Operette ist - oder sein kann. Man saß ja auf hohem Roß, hatte beide Hände in der großen Kunst - oder was man dafür hielt. Böhm, Bernstein und - last not least - der Gott der Götter, Karajan, die Wiener und die Berliner Philharmoniker, die Scala und die Met und die Wiener Staatsoper, Oistrach und Rubinstein beherrschten ausschließlich die Gehirne.

Und nun Operette! Das alte Vorurteil. Anmaßung und Herablassung. Der alte Hochmut. Ignoranz und Arroganz. Die alte Aversion. Das bekannte schlechte Gewissen vor der musikdramatischen Niederung. Die Absturzangst des Bildungsbürgers, der erhobenen Hauptes auf den Bergspitzen der Kunst wandelt, vor der Pußta und dem morastigen Tiefland der Operette.

In einer der vielen Töchterfirmen der Beta namens UNITEL, die vorwiegend mit Musikproduktionen befaßt und beispielhaft von Fritz Buttenstedt geleitet war, entstanden zehn Fernsehproduktionen in Farbe, erster Besetzung und hervorragender musikalischer Betreuung (Bert Grund). Natürlich gelang auf Anhieb nicht alles. Neben der bedeutsamen „Fledermaus" von Otto Schenk gab es eine verständlicherweise mißglückte „Zigeunerliebe" (wahrscheinlich weil man nicht auf Lehars letzte Fassung von 1944 zurückgriff), eine mißratene „Schöne Helena", in der die geschmacklosen Travestiewitze hilfloser Vorstadttheater für Offenbachs geistreichen Satirenstil gehalten wurden und eine „Gräfin Mariza", an die man sich nicht ambitioniert genug und konsequent herantraute. Aber schließlich glückte Erstaunliches. Sogar das, „was eigentlich von staatswegen verboten sein müßte" (Firmenjargon): die künstlerische Gestaltung der sogenannten Operettenschnulze. Mit verantwortlicher Ernsthaftigkeit und ausgeprägtem Stilwillen wurde inszeniert, was bedeutende Regisseure hohnlachend abgelehnt hatten. Man sprach im Sender bei der Abnahme überrascht von neugesetzten Maßstäben, die Presse - ursprünglich spöttisch eingestellt - meinte, in dieser Form ginge sogar - ohne schlechten Nachgeschmack - was man für unmöglich gehalten habe: „Zarewitsch" und „Das Land des Lächelns", seien in dieser szenischen und musikalischen Qualität künstlerisch mehr als nur vertretbar.

Zu der dünkellosen Wahrhaftigkeit der Inszenierungen kam in beiden Fällen eine Dramaturgie, die behutsam, ohne gewaltsame Eingriffe die fatale Figurenkonstellation auf einfache Weise redigierte. Das peinliche misogyne Verhältnis Aljoschas zum weiblichen Geschlecht zum Beispiel. Der Zarewitsch, in seiner - glaubhaft motivierten - Vaterbeziehung gestört, weiß von Anfang an, daß der Tscherkessenjunge ein Mädchen und eine widerwillige Figur in einer höfischen Kabale ist und benützt ihre gegenseitige Liebe selbst zu einem politischen Intrigenspiel. Sou Chong - entkleidet aller läppischen und anachronistischen Chinoiserie - ein indonesischer Prinz eines Inselstaates mit weißer Frau, steht als Regent im Kampf mit aufrührerischen Bergstämmen und ist aus Staatsraison zu einer Zweitehe mit der eingeborenen Tochter eines Rebellenführers gezwungen. Die völlig aus der Einfallslosigkeit geborene Nebenhandlung des Buffopaares im dritten Zarewitschakt fand eine originelle Lösung. Nicht Iwan ist plötzlich auf Mascha eifersüchtig, sondern diese - wie in den Akten vorher - auf ihn. Die vermeintliche Nebenbuhlerin auf der griechischen Exilinsel - nicht in der italienischen Öffentlichkeit - entpuppt sich als eine antike Venusstatue, die Iwan in nächtlicher Arbeit ausgegraben hat, u.a.m. Was beide Inszenierungen - die reine Studioproduktionen waren, auszeichnete, war eine dekorative Konzeption von überzeugender Aussage: ein rigoroser Klimt'scher Jugendstil, ein formstrenger Sezessionismus, der von banaler Gefälligkeit ebensoweit entfernt war wie von Operettenverismus, der alle Schwüle und allen Schwulst aufsaugte, dem musikalischen schwelgerischen Duktus der Musik jedoch entsprach. Nicht zu Unrecht berichtete die Presse von der Entdeckung zweier neuer Puccini-Opern.

Die dritte und letzte Inszenierung - abermals ein „Zigeunerbaron" - wurde wiederum in Jugoslawien (Novisad und Peterwardein) realisiert.

Hier gelang zum erstenmal der Versuch, einer Operette nicht nur eine fernsehgerechte Bearbeitung zuteil werden zu lassen, sondern ihr eine eigene spezifische Fernsehform zu geben. Wir verzichteten darauf, das gesamte dreistündige Theatergeschehen in Fernsehszenen aufzulösen. Wir beschränkten uns auf das vollständige Musikgut dieses genialen Werkes, das wir mit aller Sorgfalt lebendig inszenierten. Die Dialogszenen, die durch Komikerscherze und obligate Extemporés meist noch verlängert und vergröbert werden, die langatmigen Expositions- und Handlungserläuterungen wurden eliminiert. Wir strichen in dem übrigen ganz „ausgezaichneten" Libretto alle schwerfälligen Textpassagen, mit denen die Handlung *und* das Publikum von einer köstlichen Musiknummer zur nächsten transportier wurden, radikal. Die notwendigen Handlungsvoraussetzungen wurden „moderiert". Aber natürlich nicht in der Art der Inhaltsangabe eines „Operettenführers". Auch kein außenstehender Conferencier sagte die Geschehnisse an. Eine Figur, die in der Operette eine entscheidende Funktion aber leider nur eine Nebenrolle hat, bot sich als Berichterstatter an: der Conte Carnero. Der kaiserliche Sittenkommissar diktiert in verbindenden Zwischenszenen seiner Herrscherin Maria Theresia submissest den Report seiner aufopferungsvollen Suche nach dem Sohn des alten Barinkay kreuz und quer durch die Kronländer und neuerworbenen ungarischen Provinzen bis hinunter in die Türkei; er schildert selbstgefällig, wie er den Gefundenen auftragsgemäß wieder in seine Güter einsetzt, was dann alles an Haarsträubendem und Sittenwidrigem passierte und welche außerordentlichen Verdienste er sich dabei erwarb. Seine bramarbasierenden und denunzierenden Berichte standen aber im Gegensatz zu den Vorgängen, die sich in den musikalischen Szenen begaben und wirkten dadurch amüsant. Die Moderation war also in Wahrheit eine Folge von charaktergestaltenden Szenen, eine gegenläufige Spielhandlung in legitimen szenischen Situationen. Sie brachte der Sendung einen raschen Ablauf und zusätzliche Effekte. Sie gestattete die dreistündige „Romantische Große Oper", ohne musikalische Einbußen in geforderten neunzig Sendeminuten unterhaltend abzuwickeln. Diese hochgepriesene telegene Form wurde auch von eingefleischten konservativen Operettenfans widerspruchslos akzeptiert und als beispielhafte Modell-Lösung angesehen.

Ein Problem der Fernsehszenik waren stets die musikalischen Glanzstücke, die meisterlichen Ouvertüren. Sie wurden meist mißbraucht als Programm- und Personenhinweise, und mit den redaktionellen und administrativen Namensnennungen eines „Filmvorspannes" versehen. Die Ouvertüre der „Schönen Helena" wurde sogar zur Backgroundmusik heruntergesteuert, während der Regisseur im Smoking die Handlung erläuterte. Ebenso verdammenswert aber war auch der Unfug der klischeehaften Bildauflösung von Orchesterkonzerten im Fernsehen: mit der Dirigentengestikulation und den Bildschnitten auf einsetzende Instrumentengruppen. Ich versuchte - früheren Bühnenpraxen entsprechend - die einstimmende Ouvertüre in die Handlung zu integrieren. Einige dieser Versuche mögen hier erwähnt sein, da sie unser Anliegen: die Operette als totales szenisches Kunstwerk betreffen.

In „Die Tänzerin Fanny Elßler" zeigte die Ouvertüre in einer Bildmontage die Kindheit der Elßler im burgenländischen Vaterhaus auf den Knien Haydn's, ihre phantastische Karriere durch Europa bis zu ihrem Eintreten in die Operettenhandlung.

In „Land des Lächelns" entwickelte in einer Dunkelkammer der Jugendstilepoche ein indonesischer Diener die großformatigen Portraitfotos der Hauptdarsteller und legte die Aufnahmen ins Fixierbad: die Figuren des Spiels nahmen buchstäblich Gestalt an . . .

Im schwarzweißen „Zigeunerbaron" des Fernsehens gab zwar ein Johann

Strauß am Pult einem unsichtbaren Orchester den Einsatz, aber er dirigierte keine Musiker, sondern rhythmisch geschnittene Landschaftseinstellungen, die szenischen Hauptmotive unserer Spielhandlung.

Im letzten „Zigeunerbaron" zeigte die Ouvertüre die episodenreiche und abenteuerliche Reise Carneros über Städte und Dörfer, Pußta und Karstgebirge in immer primitiveren Fahrzeugen und endete mit der Auffindung Barinkays als Zauberkünstler in einem osmanischen Etablissement.

Eine noch geplante Inszenierung von Franz Lehar's „Schön ist die Welt" sollte ebenfalls eine interessante und neuartige Fernsehgestaltung erfahren. Es gelang, diesem wohl schwierigsten Alterswerk Form und Inhalt zu geben, ohne auf die brüchig gewordenen Handlungsklischees des trostlosen Librettos zurückzugreifen. Sie basierte auf einfachen, unverkitschten menschlichen Empfindungen ohne falsche (Operetten-)Dramatik. Das Vorhaben kam nicht mehr zur Realisation.

Schließlich fand man eine perfekte österreichische Lösung. Nach der alten Operettendevise hieß es einfach: „Weiterwursteln!" Zwei Dutzend Operetten auf Lager, damit konnte man, wenn man sie sparsam verteilte, bequem drei oder mehr Jahre die Sendepläne füllen. Wiederholung hieß das bewährte Rezept. Die Repertoiremühle der Operettenprovinz feierte ihre Urständ im jüngsten Unterhaltungsmedium. Und sollte es einmal nicht reichen, zog man sich einfach auf seine Informations- und Reportagepflicht zurück: die war schließlich im Staatsvertrag verankert. Man zeichnet die Bühneninszenierungen der bundesrepublikanischen Provinzunterhaltung auf und sendet sie als Kulturdokument weltweit aus.

Die immer wieder sich regenerierende Kunstform Operette mußte auf ein neues Medium hoffen.

Sollte es ihr gelingen, ihrer magisch siebenten Metamorphose eine achte hinzuzufügen?

In der Loge des Theaters an der Wien. Lithographie um 1890

Marie Geistinger, die Göttin aller Operettendiven, als Schöne Helena. Ölgemälde. Unbek. Maler des 19. Jahrhunderts.

„. . . Frl. Geistinger ist ohne Zweifel die genialste Interpretin des Herrn Offenbach und seiner Muse. Denn was die Auffassung der Rolle betrifft, leistet sich der Gast in der Kunst des Dekolletierens noch etwas mehr als das mögliche, und in Rücksicht auf die künstlerische Durchführung muß selbst der Neid dem Schenkelkultus, womit Fräulein Geistinger die deutsche Bühne beschenkt, die vollkommenste Anerkennung zuteil werden lassen. . ."

Die junge Josefine Gallmeyer. Kolorierte Photographie um 1865

Der komödiantischesten Begabung der frühen Wiener Operette schrieb Maitre Offenbach: „. . . gewiß aber weiß ich, daß Sie eine der charmantesten und hervorragendsten Künstlerinnen unserer Zeit sind. . .“

Das Genie der Goldenen Wiener Operette: Alexander Girardi als Adam in „Der Vogelhändler"

Alexander Girardi mit Girardihut

DER ELEGANT

Alexander Girardi als Zsupan in „Der Zigeunerbaron"

DER CHARAKTERKOMIKER

Der Operettentenor der silbernen Operettenepoche: Hubert Marischka in „Die Rose von Stambul"

Franz Schubert als Operettenkomponist und Operettenheld

Die Geistinger war - wie Girardi - eine All-round-Schauspielerin. Sie sang Operettenpartien als unbestrittene Operettendiva, spielte Hosenrollen, Anzengruber schuf für sie bäuerliche Gestalten, sie versuchte sich aber auch mit Erfolg als klassische Tragödin.

Marie Geistinger in „Der Bettelstudent".

Operettensängerin und Soubrette als Vorbild modischer Eleganz. Zeitgenöss. Postkarten

Der Operettendarsteller nicht als „Faktotum" – sondern als Repräsentant der „Schönen Welt".

Silvesterinszenierung der „Lustigen Witwe" im Deutschen Opernhaus in Berlin

Kammersängerin Margret Pfahl als Hanna Glawari und Kammersänger Walter Ludwig als Danilo

DANK DER „GROSSEN STIMMEN" WIRD DIE OPERETTE IN DEN ZWANZIGER UND DREISSIGER JAHREN ZUR BELCANTO-OPER!

Richard Tauber und Rita Georg in „Der Zarewitsch" von Franz Lehar.

Die einmalige Mozart-Stimme siegt über den spielgewandten singenden Bonvivant: DIE SPRITZIGE, LEICHTFÜSSIGE OPERETTE WIRD ZUM OPULENTEN MUSIK-MELODRAM

Max Pallenberg in Eric Charells „Der Mikado" (Sullivan)

NUR DIE GROSSEN BÜHNENKOMIKER FINDEN NOCH IHREN PLATZ IN DER GESANGS-OPERETTE. AN IHRE STELLE TRETEN DIE KAMMERSÄNGER DES BUFFO-FACHES.

Fritzi Massary. Fotographie

IST MIT FRITZI MASSARY DIE OPERETTE NOCH EINE STÄTTE DER INTIMEN VORTRAGS- UND SCHAUSPIELERISCHEN GESTALTUNGSKUNST . . . .

Maria Jeritza in „Die Nacht in Venedig" (Johann Strauß)

. . . SO WIRD SIE MIT STIMMWUNDERN, WIE DEM DER MARIA JERITZA ZUM PHÄNOMENALEN GESANGSEREIGNIS.

Rampenvorbau (Vorbühne) für exponierte solistische Vorträge

Der Mikado. Hess. Landestheater Darmstadt 31. 12. 27

Statischer Operettenraum mit zusätzlicher Milieuandeutung (Bühnenbild Wilhelm Reinking)

Suppés „Schöne Galathee" wird im experimentellen Regietheater zur „Neuen Galathee". Die Werkstatt des antiken Bildhauers Pygmalion wandelt sich zum Modeatelier des Couturiers Pygmalion, und Galathee nennt der berühmte Modeschöpfer einer High society sein bestes Modell, in das er sich förmlich verliebt, ein Abendkleid, das - wie in der griechischen Sage die Statue - zum Leben erweckt wird, bis der Modeschöpfer es zuletzt aus Eifersucht vernichtet.

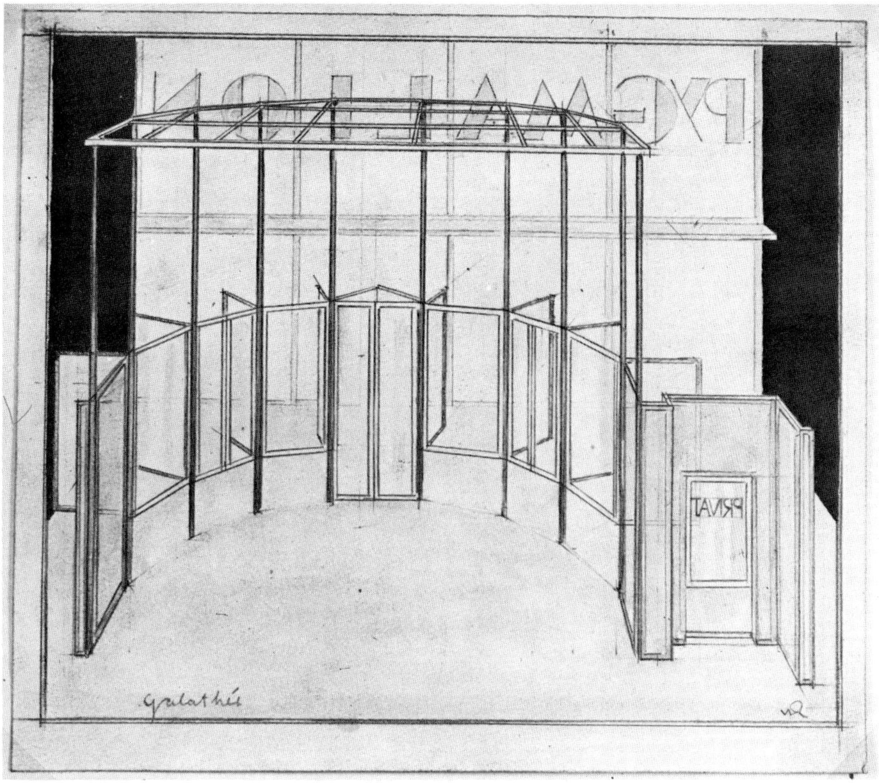

Entwurf zum Bühnenbild: Wilhelm Reinking

Entwurf eines zweiteiligen Spezialvorhanges.
Hess. Landestheater, Kl. Haus 16. 6. 29

„Die neue Galathee:" Variables Spielgerüst für die artistische Szenik der Operette als Regietheater.

Hess. Landestheater Darmstadt, Kl. Haus. 16. 6. 29. Bühnenbild: Wilhelm Reinking

„Die Großherzogin von Gerolstein" (Offenbach), Volksbühne Berlin. Hermann Valentin.

„Die Großherzogin von Gerolstein" (Offenbach), Volksbühne Berlin 12. 12. 31.
Käthe Dorsch und Paul Mühlhardt (Bühnenbild: Wilhelm Reinking).

„Die Großherzogin von Gerolstein" (Offenbach) Volksbühne Berlin 12. 12. 31
Hermann Valentin als General Boum-Boum und Paul Morgan als Minister

„Die Großherzogin von Gerolstein", Volksbühne Berlin 12. 12. 31
Darbietung der Turnriege bei der Denkmalweihe (Choreographie: Cläre Eckstein)

„Die Großherzogin von Gerolstein" Volksbühne Berlin 12. 12. 31
Finale Akt III. V.l.n.r.: Kurt Mühlhardt, Else Elster, Hermann Valentin, Hubert v. Meyrink

„Die Prinzessin von Trapezunt", (Offenbach) Berlin, Städt. Oper 31. 12. 1932. Regie: Jürgen Fehling (Bühnenbild: Wilhelm Reinking)

Friedel Schuster und Irene Eisinger in „Die Prinzessin von Trapezunt"
Städt. Oper 31. 12. 32, Regie: Jürgen Fehling (Bühnenbild: Wilhelm Reinking)

Die spielopernhafte dreiaktige Operettenklassik wird zur szenisch aufgelockerten Bildfolge.

„Der Vogelhändler". Hess. Landestheater Darmstadt Großes Haus 8. 6. 33
Der Auftritt der Fürstin wird zur Ballettszene

„Der Vogelhändler" Hess. Landestheater Darmstadt Großes Haus 8. 6. 33
Tanzszene: Der Bürokratismus wird aus der kurzpfälzischen Residenz ausgeräumt.

DIE REVUEOPERETTE

Die große Revueoperette greift mit einer breiten Vorbühne und durch dekorative Verkleidung der Proszeniumslogen in den Zuschauerraum hinein. Sie zerstört damit das obligate Guckkastentheater der Operette.

„Die Drei Musketiere" (Benatzky) Hess. Landestheater Darmstadt Großes Haus 19. 6. 31

„Die Dubarry" (Millöcker/Mackeben) Hess. Landestheater Darmstadt, Kl. Haus. Szenenentwurf von Wilhelm Reinking

Der große Mißerfolg Karl Millöckers mit der „Dubarry" (1879) wurde unter der schöpferischen Hand Theo Mackebens 1930 zur umjubelten Revueoperette. Es ist einer der wenigen Fälle, bei denen eine Neubearbeitung einer Operette zum Dauererfolg wurde. Als Kammerrevue gestattete der Entwurf Wilhelm Reinkings eine pausenlose Szenenabwicklung der zahlreichen Bilder durch abwechselndes Bespielen der Vorder- und Hinterbühne in einem schlichten aber höchst geschmackvollen Bühnenrahmen

◀ „Die Drei Musketiere" (Benatzky) Hess. Landestheater Darmstadt Großes Haus 19.6.31. Im Turmtor Joachim Sattler (l) Werner Hinz (r), o.r. Hermann Gallinger

Der an die Rampe rollende Burgturm senkt eine Fallbrücke über das Orchester und bringt die dramatische Aktion in die größtmögliche Nähe des Zuschauerraumes

„Die Dubarry" (Millöcker / Mackeben) Hess. Landestheater Darmstadt, Kl. Haus
Käthe Walter (Dubarry)
Emil Lohkamp (König)
Franz Kutschera (Graf Dubarry)

Hess. Landestheater Darmstadt, Kl. Haus 29. 10. 32
Kalmans „Csardasfürstin" als gesellschaftskritische Kammer-Revue. Bühnenbild: Wilhelm Reinking

Hess. Landestheater, Darmstadt Kl. Haus. „Die Csardasfürstin" (Kalman).
Joachim Sattler als Edwin Roland

Darmstadt, Hess. Landestheater Kl. Haus „Die Csardasfürstin".
Lilli Palmer als Komtesse Stasi.

Hess. Landestheater Darmstadt 22. 6. 33. „Glückliche Reise" (Künneke); v.l.n.r.: Heinrich Allmeroth, Erna v. Georgi, Lilli Palmer, Heini Handschuhmacher

Während die große Operettenproduktion zu Ende geht, erweist sich die musikalische Komödie, die von Ralph Benatzky initiiert, von Eduard Künneke mit „Vetter aus Dingsda" mit Erfolg aufgegriffen und mit der „Glücklichen Reise" fortgeführt, als durchaus entwicklungsfähig, was zweifellos auch auf den Erfolg der Tonfilmoperette zurückzuführen ist. Jahrzehnte später sollte mit Paul Burkhards „Feuerwerk" dieses Genre einen Klassiker erhalten.

Lilli Palmer in „Blume von Hawaii" am Hess. Landestheater, Darmstadt 1933

Noch einmal werden Anfang der dreißiger Jahre die morschgewordenen Operettenklischees durch Paul Abraham zum musikalischen Leben gebracht. Doch wenden sich die schöpferischen musikalischen Kräfte bald endgültig einem neuen Medium zu: dem Tonfilm.

„Die Blume von Hawaii" (Abraham) Hess. Landestheater Darmstadt 1933

Die Operette als genuine Kunstform des Tages ist ermüdet zusammengebrochen, wie hier die Blumen von Hawaii aus der Tanzgruppe.
Was von Anfang 1930 an noch auf die Bühne gelangt, die Neuheiten von Raymond, Dostal, Katschnigg, Schmidtseder u.a. ist nur ein ferner Nachklang. Die Operette hat buchstäblich das „Zeitliche gesegnet".
Das bisher entstandene Operettengut erweist sich hingegen als äußerst wetterfest, wertbeständig und flexibel. Es wird sich in vielen Medien und unter den schwierigsten äußeren und inneren Umständen immer wieder aufs neue lebendig erweisen.

Schon sehr früh bemächtigte sich die Operette der Filmwelt als Stoff und Milieu.
Der Berliner Gilbert schrieb 1913 die „Kinokönigin".
Walter Kollo war bereits 1912 mit „Filmzauber" herausgekommen.

Metropoltheater Berlin, „Die Kinokönigin" von Gilbert. Bühnenbild: Werner Schulz

Metropoltheater Berlin „Die schöne Helena", Finale II: „Auf nach Kreta!"; v.l.n.r.: Gerd Frickhöffer, Ilse Hülper

Metropoltheater Berlin „Die schöne Helena", 3. Akt Tanzszene: „Trimm dich fit" am Strand von Nauplia.

Metropoltheater Berlin: Kammersänger Burgwinkel als Agamemmnon in „Die schöne Helena" 1948

Der erste große Erfolg einer Offenbach-Operette nach 1945 war „Die schöne Helena" im Metropoltheater. Sie bezog ihre spöttische gesellschaftskritische Komik nicht aus den Albernheiten der Vorstadttheatertravestie, sondern aus dem „Ernst, dem die wahre Heiterkeit einzig entspringen kann."

Die Vaudeville-Operette PHI-PHI des Welsch Schweizers Henry Christiné war 1918 ein Sen sations-Erfolg in Paris. 1963 wurde das keck Stück im Deutschen Theater in München ne herausgebracht.

Peter Garden (Prinz Ardimedon) und die Modelle des griechischen Bildhauers Phidias - zärtlich genannt PhiPhi

Waltraud Haas (Aspasia) und Viktor de Kowa (Phi-Phi)

„Das Frauenparadies" Donaufilm 1936.
Die „originale" Tonfilmoperette von Robert Stolz mit Aino Bergö und dem Wiener Staatsopernballett.

„Das Frauenparadies".
Leo Slezak mit einem Heurigenlied von Robert Stolz

„Leichte Muse" Terrafilm 1943

Ein filmisches Loblied auf die Berliner Operette und die Berliner Volksmusik.

Willi Fritsch und Adelheid Seeck

„. . . Im Jrunewald, im Jrunewald is Holzauktion. . ."

Die „Stettiner Sänger"

„Unter den Zelten" auf der Bühne, das „Dorotheenviertel" im Zuschauerraum.
„Ach Jott, wat sin' die Männer dumm. . ."
An der Rampe Grete Weiser.

„Leichte Muse"

Das volkstümliche Apollotheater Berlins (original vor der Zerstörung), die Uraufführungsbühne vieler Paul-Lincke-Operetten mit einer Szene einer musikalischen Lokalposse.

„Leichte Muse"

Die Großstadt Berlin auf dem Wege zur Metropole ...
das „Metropol" auf dem Wege zur Großstadt-Revue

Willi Fritsch und Paul Hoffmann

Premiere im Metropol

„Kleine Mädchen müssen schlafen gehn . . ."

„Leichte Muse"
Die Metropoltheater-Revue

Giampietro (Fritz Böttger) und Marion (Anja Elkoff)
„. . . untern Linden am Café Kranzler. . ."

Giampietro (Fritz Böttger)
„. . . mit dir, mit dir möcht ich am Sonntag angeln gehn. . ."

Premierenfeier im „Palais de Danse"
Willi Fritsch und die Damen des Balletts.

„Liebespremiere" (nach Motiven von „Axel an der Himmelstür") Musik: Franz Grothe. Terrafilm 1943

„Liebespremiere". Auf der Rundtreppe Kirsten Heiberg

„Der unsterbliche Lump" Carlton-Film 1953

„Der unsterbliche Lump" ein Libretto des Cabaret-Literaten Felix Dörmann, einem Freund Frank Wedekinds und zeitweisen Mitglied der „Elf Scharfrichter" war ursprünglich eine Operette von Edmund Eysler. Für die Tonfilmoperette der UFA schrieb Ralph Benatzky die Musik. In dem Remake der Carlton-Film 1951 stammte die Komposition von Bert Grund. Einer der seltenen Fälle, bei denen der Stoff einer Operette gegenüber der ursprünglichen Musik den Vorzug erhielt.

Von der „Mignon der Landstraße", der unbehausten Wandersängerin zum Brettlstar der Jahrhundertwende: Ingrid Stenn

Sonja Ziemann und Kurt Seiffert

Die Operette und ihre Darsteller spielten im Stummfilm eine überraschend große Rolle. Bei der Tonfilmoperette „Nächte am Nil" (Schröder) - Cordialfilm 1949 - war das Milieu des Stummfilms und seine zum Teil fragwürdigen Produktionen Thema und komödienhafter Konfliktstoff

„Die Försterchristl" Hannerl Matz und Karl Schönböck

„Die Försterchristel" (Jarno) ein Carlton-Film 1952 mit Hannerl Matz in der Titelrolle wurde von der Presse als romantische Musikkomödie mit Lubitsch-touch gepriesen und war ein großer Erfolg für alle Beteiligten.

Die Wiener Operette verdankt ihre Volkstümlichkeit nicht zuletzt dem Einfluß des Phänomens der Wiener Volkssänger. Die legendäre Fiakermilli, recte Emilie Turetschek, war eine von ihnen. In den Polizeiakten wurde sie allerdings als Prostituierte geführt. Die Tonfilmoperette „Die Fiakermilli" (Schönbrunnfilm 1953) machte sie zur Titelgestalt, nachdem sie bereits verschiedentlich in Filmen über die „Backhendl-Zeit" Rollen gespielt hatte und sogar in der „Arabella" von Richard Strauß zu einer wichtigen Opern-Partie geworden war.

„Die Fiakermilli", Karl Schönböck und Fritz Imhoff

„Die Fiakermilli", Gretl Schörg

„Die Fiakermilli" – Ein Schönbrunn-Film, Gretl Schörg und Karl Schönböck

„Die Fiakermilli", Karl Schönböck und Gretl Schörg

„Der Letzte Walzer"
Curd Jürgens (l) und Siegfried Breuer

„Der letzte Walzer" (Oscar Straus)
Ein Carlton-Film 1953
Tanzszene

„Der Letzte Walzer" Tanzszene

„Der Letzte Walzer": Eva Bartok und Curd Jürgens
Petersburg 1914

Paris 1921

Die erste Filmoperette der Adenauer-Aera, die mit dem Prädikat „künstlerisch wertvoll" ausgezeichnet wurde.

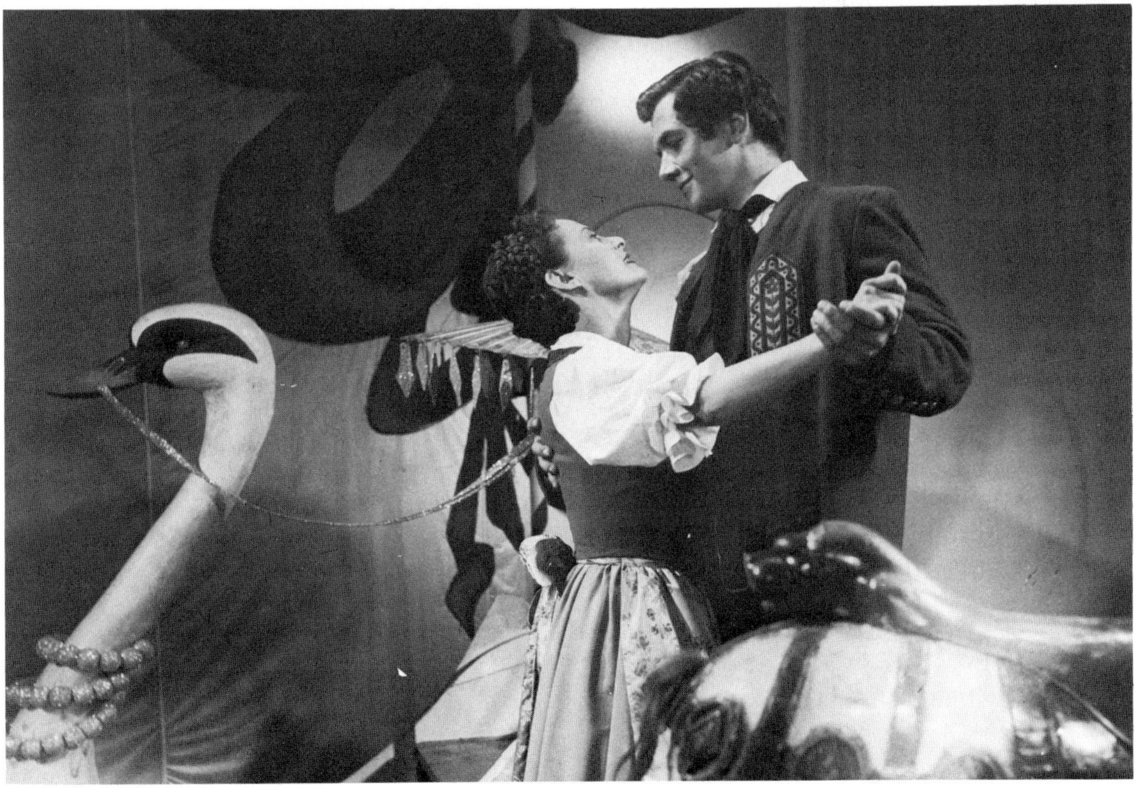

„Der Vogelhändler" von Karl Zeller. Berolinafilm 1953. Gerhard Riedmann und Ilse Werner.

„Der Vogelhändler" (Zeller) Berolinafilm 1953. Tanzsolisten: Sybill Verden und Gert Reinholm

Nachdem die Handlung der Operette aus dem steifen Barock in die Gesellschaftlichkeit des 19. Jahrhunderts transponiert war, entsprach dem Spiel der verwechselten Rollen, den mondänen Festlichkeiten und galanten Flirts ein großes „ballet ambulatoire", ein Freiluft-Tanzdivertimento in den abwechslungsreichen Szenerien des Schwetzinger Schloßparks

„Der Zigeunerbaron" Berolina-Farbfilm 1954, Margit Saad und Gerhard Riedmann (Deutsche Version)

„Der Zigeunerbaron". Das Staatsopernballett Belgrad

„Der Zigeunerbaron", Maria Sebaldt, Peer Schmidt

 „Der Zigeunerbaron". Maria Sebaldt, Oscar Sima

„Der Zigeunerbaron" Oskar Sima (r), Harald Paulsen (l)

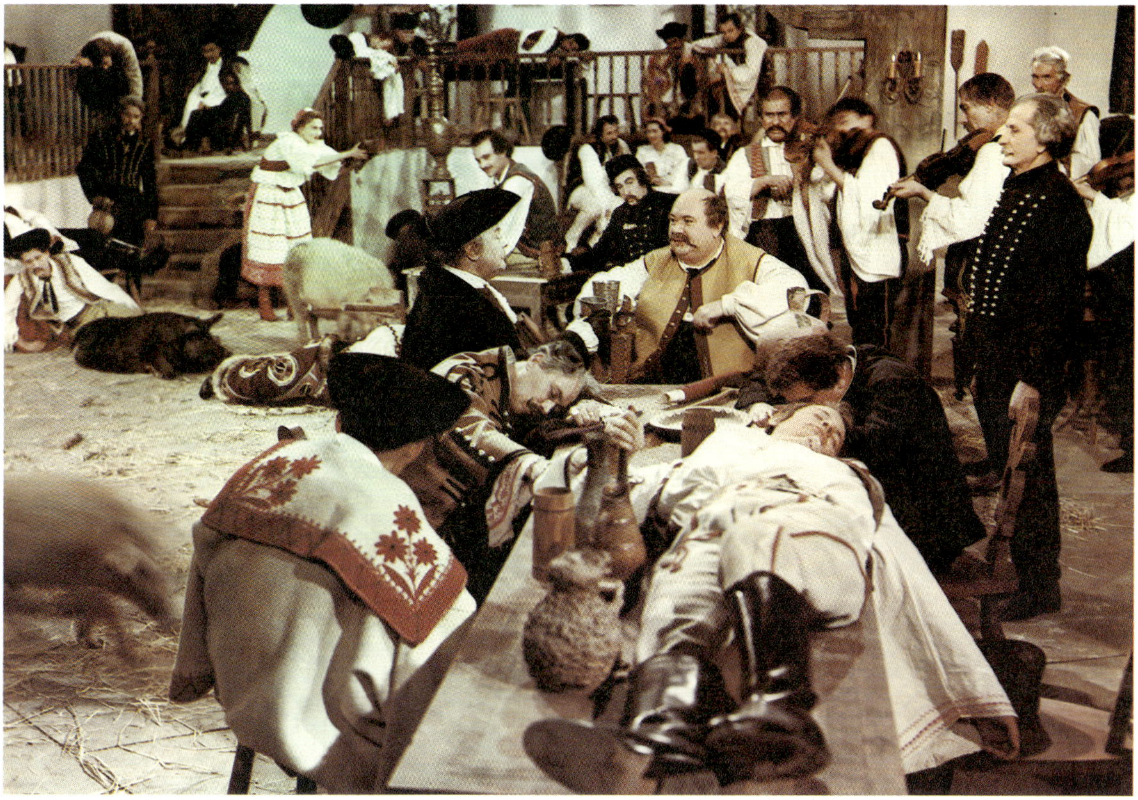

„Der Zigeunerbaron". Von links: Karl Schönböck, Harald Paulsen, Oscar Sima, Maria Sebaldt

„Der Zigeunerbaron", Margit Saad. (Französische Version)

 „Der Zigeunerbaron", Margit Saad, George Guitary, Karl Schönböck, Harald Paulsen

„Der Zigeunerbaron" als Abenteuerfilm, Gerhard Riedmann (Deutsche Version)

„Der Zarewitsch" CCC-Farbfilm 1954
Sonja Ziemann und Luis Mariano

„Der Zarewitsch", Luis Mariano

„Der Zarewitsch",
Sonja Ziemann und Luis Mariano

DAS OPERETTEN-MELODRAM ALS TRAUM EINER KLEINEN TÄNZERIN

„Der Zarewitsch"
Sonja Ziemann und Luis Mariano

„Der Zarewitsch"
Luis Mariano (auf der Treppe rechts)

2 mal Lilli Palmer in „Eine Frau, die weiß, was sie will" (Straus) Bavaria-Film 1957
Der spießigen Nichte (l) erscheint auf der Kleiderbüste (r) die verstorbene Großmutter als femme fatale ihrer Bühnenzeit.

Aus der musikalischen Gesellschaftskomödie von Oscar Straus wurde eine surrealistische, trickreiche Musikkomödie, eine hommage an Fritzi Massary und eine Doppelrolle für Lilli Palmer. Sie konnte ihre komödiantisch perfekte Begabung als zickige Turn- und Gesangslehrerin ebenso beweisen wie als verführerische Tingeltangelsängerin der Belle epoque.

„Eine Frau, die weiß, was sie will" (Straus) Bavaria-Film 1957
Lilli Palmer

„Eine Frau, die weiß, was sie will" (Straus) Surreale Tanzszenen als Alptraumerlebnis

„Eine Frau, die weiß, was sie will". Die Turnlehrerin (Lilli Palmer) auf dem Wege zur Lebenslust.

„Gasparone" (Millöcker) Magnetaufzeichnung für die ARD 1963. Regie: Hans Hollmann
Waltraud Haas und Gerhard Riedmann

Leo Falls verkanntes Meisterwerk, sein „Rosenkavalier", wurde als Fernsehsendung zum verdienten großen Erfolg dank der geschickten neuen dramaturgischen Handlungsführung. Jahre nach der Erstsendung wurde sie in der Programmfolge „Damals Tagesgespräch" wiederholt.

„Die Kaiserin" (Fall) Magnetaufzeichnung für die ARD 1962
Gerlinde Locker und Gerhard Riedmann

Ingeborg Hallstein

Robert Lindner, Ingeborg Hallstein, Wolf Albach-Retty

Ingeborg Hallstein

Ingeborg Hallstein und Peter Minnich

Liselotte Ebnet und Peter Garden

Liselotte Ebnet und Peter Garden

„Die Tänzerin Fanny Elßler" (Johann Strauß) Fernseh-Film für das ZDF 1965
Mit der Rückkehr des Sängers in die Fernseh-Operette verzichtet die Television auch auf die Magnetaufzeichnung und kehrt zur Filmtechnik und in die Natur zurück.

Teresa Stratas und Waclaw Ochmann

Teresa Stratas

„Der Zarewitsch" (Lehar) Farbfernsehfilm der UNITEL für das ZDF 1972

Teresa Stratas und Waclaw Ochmann

Teresa Stratas und Waclaw Ochmann

Birgit Sarata und René Kollo

Das südkoreanische Staatsballett

„Das Land des Lächelns" (Lehar) Farbfernsehfilm der Unitel 1973 für das ZDF

H. Prikopa, Gerd Frickhöffer, René Kollo

Birgit Sarata und René Kollo

Birgit Sarata, Dagmar Koller

Fred Liewehr, Dagmar Koller

„Das Land des Lächelns" (Lehar) Farbfernsehfilm der Unitel 1973 für das ZDF

Birgit Sarata

Birgit Sarata und René Kollo

„Der Zigeunerbaron" (Strauß) Farbfernsehfilm der Unitel für das ZDF 1975

Diese Fernsehinszenierung suchte erstmals nach einer ausgesprochen teleeigenen Form. Alle Musikszenen des Werkes wurden in dramatisierter Form inszeniert. Die dialogischen Zwischenszenen wurden hingegen zu einem Report zusammengefaßt, den der Conte Carnero für die Kaiserin Maria Theresia einem Ortsschreiber diktiert. Die bösartigen und mesquinen Entstellungen dieses Berichtes stehen jedoch in amüsantem Gegensatz zu den tatsächlichen Handlungsabläufen. - Der Versuch einer szenischen *Moderation glückte außerordentlich.*

Hansi Kraemer (Carnero)

Ellen Slade (Saffi)

Siegfried Jerusalem (Barinkay) Biserka Cvejic (Czipra) Ellen Slade (Saffi)

v.l.n.r.:
Heimkehr der Zigeuner / Janet Perry (Arsena)
Wolfgang Brendel (Homonay)

Die Heimkehr aus dem Krieg: Iwan Rebroff (Zsupan), Martha Mödl (Mirabella)